养老金改革的
分析框架与路径选择

——周小川有关论述汇编

吴素萍　曹　滔　编

责任编辑：黄海清
责任校对：李俊英
责任印制：张也男

图书在版编目（CIP）数据

养老金改革的分析框架与路径选择：周小川有关论述汇编/吴素萍，曹滔编．—北京：中国金融出版社，2020.10
ISBN 978－7－5220－0822－6

Ⅰ.①养…　Ⅱ.①吴…②曹…　Ⅲ.①退休金—劳动制度—研究—中国　Ⅳ.①F249.213.4

中国版本图书馆 CIP 数据核字（2020）第 186203 号

养老金改革的分析框架与路径选择——周小川有关论述汇编
YANGLAOJIN GAIGE DE FENXI KUANGJIA YU LUJING XUANZE：ZHOUXIAOCHUAN YOUGUAN LUNSHU HUIBIAN

出版发行 中国金融出版社
社址 北京市丰台区益泽路 2 号
市场开发部 （010）66024766，63805472，63439533（传真）
网上书店 http://www.chinafph.com
（010）66024766，63372837（传真）
读者服务部 （010）66070833，62568380
邮编 100071
经销 新华书店
印刷 保利达印务有限公司
尺寸 155 毫米×230 毫米
印张 11
字数 140 千
版次 2020 年 10 月第 1 版
印次 2020 年 10 月第 1 次印刷
定价 40.00 元
ISBN 978－7－5220－0822－6

养老金体系面临宏观和微观两大挑战

在突如其来的新冠肺炎疫情到来之前的2019年，尽管诸多不确定性笼罩全球，但养老金改革仍然“脱颖而出”，成为年度“关键词”之一。这也引起了我们对全球养老金缺口或养老金不可持续问题的关注和对国内养老金改革进展的聚焦。

以全球和历史视角看国内养老金改革

在法国，从2018年11月开始，被称作法国50年来最大骚乱的“黄衫”运动席卷全国，重创法国经济，其导火索之一就是养老金改革；在巴西，经过数十年的示威与抗议、拖延与僵局，力度较大的养老金改革方案终于出台，并在2019年10月获得通过。

法国和巴西的局面其实是养老金全球挑战的两个缩影。在许多国家，因为人口老龄化等问题导致自身养老金体系在宏观上不可持续的现象有很多。例如在日本，老龄化使得对年轻一代工作的激励机制不足，加上劳动力供需的结构性矛盾，是日本“失去的20年”的重要原因之一。一些体制转轨国家的社保体系甚至面临违约或者破产，例如哈萨克斯坦，在苏联解体后现收现付制度（pay-as-you-go）难以为继以致破产，1998年开始向以个人账户为主的积累供款基准制转轨；再比如俄罗斯，20世纪90年代末期养老金体系入不敷出，经过数次改革后从现收现付转向了结合名义账户和个人账户的“三支柱”体系。类似的例子还有很多。在美国，尽管1978年开始建立的401(k)体系解决了很多问题，但现在看来力度仍然不够。因此，养老金在宏观上不可持续是全球面临的共性难题。

从全球实践看，养老金问题的解决具有痛苦性，需要动用很多资源，而且在着手解决时可能也不会受欢迎（先不论未来效果如何)，因此我们会发现，在很多国家，“拖字诀”往往成为政府当下的“最优”选择，拖到不得已时才开始考虑解决问题。然而，由于拖得太久，各方面条件已经发生了很大变化，解决难度变得更大，整个社会为推进改革付出的经济和社会成本极为高昂。前面所说的法国和巴西就是案例。

久拖不决还会在微观上产生另一个很大的问题，即企业承担的养老金成本明显提高，而且这些企业成本不能对劳动贡献产生有效激励，进而会在社会生产率、企业竞争力和企业盈利能力上产生显著负作用。

一般而言，“拖字诀”的主要弥补办法是，等到未来增加供款比例或者延长退休年龄，而这两者都有约束的界限，不可过度运用。供款比例增加会直接增加企业负担，进而影响企业的竞争力。延长退休年龄是一个动态过程。退休年龄如果过早，就相当于浪费了生产要素对经济社会的贡献能力；但退休年龄也不可以无限延长，有些国家已经延长到了68～70岁（当然这和医疗条件、生理因素以及个人能力相关)，再延长下去就可能成为企业的额外负担：老年人生产率下降，干活不多但需要企业养着，从而增加企业成本。

那么中国会怎么样？问题显然也不小。由于我国曾实行了30多年的计划生育政策，未来的人口老龄化问题将会特别突出，问题可能会更大。同时，大量的农村人口历史上从未享受财政支付的公共基本养老保障，随着城镇化推进，那些进城人员的养老问题也需要纳入制度性安排。此外，中国作为转轨国家，过去养老金体系一个很重要的问题就是吃“大锅饭”，而在从集中计划经济到市场经济的转轨过程中，一个很重要的共识就是不能吃“大锅饭”。养老体系全部靠国家是不现实的，中央和地方财政也没有这个财力。

尽管如此，之前若干年我们自我感觉还不错。而现在看来，在部分省份，特别是资源枯竭、人口外流的省份，已经出现当期养老保险基金收不抵支。首先是黑龙江，随后吉林和辽宁也出现此问题。最近两年，已有 6 个省的养老金入不敷出。未来估计会有一半省份出现养老金收支缺口。现在提出的解决途径是全国统筹，但是从更长远的角度看，不可持续性已经不言而喻了。

从微观上看，1997 年国务院 26 号文确定我国城镇职工基本养老保险制度是社会统筹与个人账户相结合的制度（即“统账结合”），即个人缴费 8%，企业缴费 20%，这实质上是一个总费率高达 28%（现在降为 24%）的现收现付计划。在人口老龄化还不明显时，将社保缴费率定为 28% 似可运转，但随着人口结构“超快速”老龄化，有人测算，费率要提高到 34% 才能实现收支平衡，如此高的缴费率对企业竞争力会产生显著的负面影响。同时，由于没有“个人账户”的激励，生产者的劳动积极性也无法得到保证，这些因素相叠加将导致生产率下降。

此外，在我国经济情况好的时候，企业对社保负担的感觉还不是很明显。随着这几年经济下行压力增大，企业感到的负担和压力越来越大，对企业生产率、竞争力和盈利能力的影响也越来越突出，企业要求减负的呼声越来越强烈。作为呼应，政府选择减税降费，将企业缴费部分从 20% 降到了 16%，养老保险缴费率由此从“20 + 8”改为“16 + 8”。降低费率，在财务上意味着原本已经不可持续的养老金筹资将面临更大挑战，但如果不产生对雇员的有效激励作用，企业对“16 + 8”不见得满足，还会继续要求下调。

综上所述，我国的养老金体制既有转轨留下的历史包袱，也有早期自满的后遗症，更有未富先老的现实，加上经济换挡的调整阵痛，改革压力日重，困难挑战渐巨，也更容易越拖越难，进而越难越拖……因此，对于养老金问题，无论是宏观层面的不可持续性，还是微观上对企业的负面影响，最好都不要拖到不得已才动手解决，而应该提前预见，提前安排，防止在体制机制上出现违约、破产、崩溃现象。

参与养老金体制改革的研究论证

在我国从国有集中型计划经济向社会主义市场经济转轨中，养老金体制转轨的讨论一直贯穿其中。作为一直关注和参与中国经济改革的学者/官员，中国金融学会会长周小川很早就参加了这个领域的讨论，也参与了一些重要文件的研讨。周小川的研究注重寓理论于实践之中，许多结论历久弥新，至今适用；他注重寓探索于国际经验之上，以全球视角来分析和解决国内现实和长远问题；他涉猎广泛，成果卓著，既有直指社会保障体制选择的雄文，也有探讨公司治理、财税改革、资本市场等配套机制的专著；三十多年来，他坚持科学研究和独立判断，不停地为推进养老金改革示警、呐喊和助力。

还在周小川写博士论文（1982—1985 年）的时候，钱学森带领系统工程界学者建立了数学模型来解决当时面临的经济社会问题。当时钱老请宋健负责社会领域，主要是建立人口动态模型。其时计划生育政策刚刚出台不久，该模型即预测 2035 年将是人口高峰，大概有 15 亿 ~ 16 亿人口，但人口结构非常畸形。现在看，这一预测还是相当有前瞻性的。当时钱老嘱咐周小川关注经济领域的数学模型，特别是关注改革和经济体制转轨的政策设计与分析。根据当时的分析，从宏观角度把经济和人口两方面研究结果一结合，就可以发现，未来将出现养老金可持续问题，现收现付制将很难应对中国人口老龄化的趋势和结果，未来养老金体系一定会出问题，主要将面临两方面的突出挑战：一是财力上不可持续；二是激励机制方面出问题。

20世纪80年代末，周小川写了介绍新加坡中央公积金（CPF）制度的文章，后来也介绍过智利的养老金改革。90年代上半期，周小川还写了两篇有关养老保障的论文，获得了孙冶方经济科学奖，其中一篇是《企业与银行关系的重建》，当中讨论了利用控股公司的股权结构解决养老金欠账问题①，这也是后来很多年都在讨论的议题；另一篇是《社会保障：经济分析与体制建议》②，直接讨论社会保障体制的选择。那时，社保体制选择的问题还没有被提上十分重要的议程，很多人没有特别留意这一领域。同期，周小川还写了一些和社会保障有联系的文章，主要讨论公司治理和公有制所有权如何与养老金改革相结合的问题。

1993年，党的十四届三中全会《关于建立社会主义市场经济体制若干问题的决定》，提出了中国社会保障体系的基本设计，很大程度上吸收参考了有关国际经验，从百分之百现收现付转向更为依靠预筹积累、个人账户的体制（又称供款基准制或缴费确定制，Defined Contribution，DC），同时再加一部分商业保险。这便是国际上所谓统筹、个人账户和商业性养老保险相结合的“三支柱”体制，并强调建立多层次社会保障体系，按照社会保障的不同类型确定其资金来源和保障方式，区别对待。其后，以1995年国务院发布的6号文件和1997年国务院发布的26号文件为标志，我国正式建立了社会统筹与个人账户相结合的城镇职工养老保险制度，明确个人缴费8%，企业缴

① 更详细的分析介绍可参见周小川，王林．企业社会保障职能的独立化［J］．经济研究，1993（11）．

② 参见附录二，其中部分内容已纳入本书的第四章和第五章。

费 20%。

然而，这一改革方案并没有得到完全落实就出现了波折。2000 年前后关于选择何种社保筹资模式有过比较激烈的争论，那时实行的统账结合的养老保险制度实质上是一个总费率高达 28% 的现收现付计划，再继续走下去会显著影响企业成本，损伤企业生产力和竞争力。周小川在 2000 年 8 月召开的“中国社会保障制度改革专题研讨”国际会议上发言，并提供文章对此作了讨论。当时有的人主张维持“现收现付”，认为未来若养老金收支不能平衡，可以通过提高缴费比例、延长退休年龄等方法来解决，因此无须进行大的改革，不必从现收现付切换到预筹积累的轨道上来。周小川在学术上首次从企业成本、劳动者积极性、企业竞争力角度说明，必须要改革转轨，并预言未来压力会显著增大。他认为“现收现付”很快将面临两大挑战：宏观上收支平衡不可持续；微观上负面影响企业生产率、竞争力和盈利能力。20 年后的今天，这种担忧成了不争的现实。值得一提的是，当时正在酝酿划转国有股权解决养老金筹款缺口的改革，也因为种种原因没有干成。

此后，由于工作原因，周小川直接研究和参与养老金改革的机会就少了，但他对养老金改革一如既往地关注。21 世纪初，他还向国内刊物介绍了哈萨克斯坦的养老金改革。2008 年 11 月，他专程调研了智利养老金新政的执行情况和最新进展。

党的十九届四中全会提出推进国家治理体系和治理能力现代化，养老金改革是题中应有之义。对于决策者而言，养老金改革是“牵一发而动全身”，面临的压力极大，困难尤甚；对于经济学者来说，这是一个既考验理论功底和智慧，又能产生丰硕成果的领域。鉴于此，编者收集和整理了周小川会长关于养老金改革的思考和探索成果，以飨读者。这里既有历久弥新的研究专著，也有他近两年在各种场合所作的演讲和学术讲座内容，更有他亲自参与的一些国际研究成果。[①] 立足国内、全球视野、提前预见、全局设计，正是本书的特点，也是编者的初心。编者衷心希望此书能起到抛砖引玉、凝聚智慧、增进共识等作用，引起更多学者、决策者对我国养老金问题更多的关注、更深的思考和更广的探索。

本书编者

2020 年 7 月 6 日

---

① 相关著作有：《社会保障和老龄化趋势对财税改革的要求》，节选自《中国财税体制的问题与出路》（周小川、杨之刚著）；《国有企业的社会保障职能》，节选自《企业改革：模式选择与配套设计》（周小川、王林、肖梦、银温泉著）；《企业社会保障职能的独立化》，发表于《经济研究》1993 年第 11 期，作者为周小川、王林；《社会保障：经济分析与体制建议》，发表于《改革》1994 年第 3 期和第 4 期，作者为周小川、王林；《改革退休保障与发展资本市场》，节选自《转轨中的风险应对》（周小川著）；《社会保障和企业盈利能力》，发表于《经济社会体制比较》2000 年第 6 期，作者为周小川。演讲和讲座有：2019 年 7 月 5 日在人民银行研究局专题讲座：养老金改革历史回顾与未来展望；2019 年 8 月 22 日在“中国养老金改革的回顾与展望”研讨会暨“养老金改革：国际经验与中国方案”课题开题会上的讲话；2019 年 11 月 5 日在“2019 年中金论坛”上的演讲：养老金改革难题及方向；2019 年 11 月 6 日在“2019 年中国养老保障体制改革和养老金投资”论坛上的演讲：养老金改革多维分析框架和未来改革展望；2019 年 12 月 3 日在重庆“养老金改革国际经验与中国方案”研讨会上的演讲：养老金改革的下一步；2020 年 5 月 20 日和 6 月 5 日有关课题两次内部交流会讲话。研究报告有：2019 年 11 月“三十人小组”（G30）发布的《应对养老金危机——确保终生财务安全》（*Fixing the Pensions Crisis—Ensuring Lifetime Financial Security*）。

目录

第一章
养老金改革考验我们的经济学功底和智慧

我一直在思考中国的养老金改革问题，也参加了一些关于养老保障体系的会议和讨论。本文就中国的养老金改革问题谈一下看法。

一、养老金改革是一个多维复杂的系统

表面上，养老金改革与金融的关联不大，但实际上两者的联系非常紧密。从方法论上看，养老金本身是一个非常综合性的题目，既涉及宏观，又涵盖微观，还要进行量化分析，开展预测和模拟，也得有国际视野，更要对国情有深入的了解，并熟悉金融产品和金融工具，因为养老金与资本市场的发展密不可分。可以说，这是一个跨领域多维经济分析的大综合。

从宏观角度看，一方面，全球大多数国家都面临着养老金缺口或养老金不可持续问题。由于我们曾实行全球独一无二的计划生育政策，人口老龄化问题突出，再加上我国人均寿命大幅提高，因而养老金不可持续问题可能更为严重。虽然有人认为，目前中国养老金的收入大于支出，还略有积累，不存在不可持续问题，但这实际

* 本文根据中国金融学会会长周小川在“2019 年中国金融学会学术年会暨中国金融论坛年会”（2019 年 12 月 21 日）上所作的学术报告整理而成。

上是答非所问。所谓养老金不可持续，主要是指未来而非当前。从国际经验看，应该抓紧推进养老金改革，因为可能越拖越难，这还涉及养老金知识普及和教育的问题，在全世界都是如此，各方都有重大的责任，需要对此进行深入的讨论。另一方面，养老金改革与资本市场健康发展密切相关。养老金是资本市场长期稳定资金的重要来源，对金融资源有效配置至关重要，这个道理非常浅显，不再展开。

从微观角度看，养老金改革主要与生产率密切相关，还关乎我国能否顺利跨越中等收入陷阱。生产率很大程度上取决于激励机制，这又关系到养老金的缴费制度安排和劳动力市场。劳动力市场原理之一就是以劳动贡献换取劳动报酬，或者说通过激励换取劳动者出力，养老金缴费安排会影响激励机制和生产率。2019 年我们在减税降费的时候，将养老保险缴费率由“20 + 8”改为“16 + 8”，就可以从激励机制的角度来解释。从劳动者角度看，干活产生 100 元钱的净贡献，应当有 100 元钱的收入，考虑到一些公共支出（如缴个人所得税等）会减少一部分。但是，如果“20 + 8”这部分没有体现在个人账户里，劳动者自己看不见，会感觉与他个人没有关系，不认为这是他的劳动报酬，也不愿意付出那么多的劳动。因此，这个比例不可能随便提高，这会对劳动者激励产生重大影响，影响生产率。从企业角度看，如果“20 + 8”给到个人账户，虽然不如现金那么直接，但是总体来讲还是可以看作企业的用工成本。不过，如果“20 + 8”没有打到个人账户，劳动者看不见这份报酬，对企业来讲就相当于一种额外的费用，当企业遇到经济下行和困难的时候，肯定会抱怨税费过高的问题。因此，2019 年，在企业的强烈呼吁下，为保持企业竞争力，政府将养老保险缴费率由“20 + 8”降为“16 + 8”。

另外，我们养老金缴费中个人承担的 8% 这部分，很大程度上还不够透明，劳动者很多时候都感受不到 8% 打到了自己的账户上，这也在一定程度上抑制了劳动者的积极性。可见，从微观分析的角度看，养老金改革对劳动者和企业的激励机制有着非常重要的影响，涉及全社会生产率的高低，从而也关乎我国能否顺利跨越中等收入陷阱。

从国际比较看，虽然全球很多国家都面临人口老龄化和养老金可持续性问题，但各国的情况和体制存在很大差别。例如，在老龄化程度上，正如前面指出的，中国曾实行了相当长时间比较严格的计划生育，使得我们的老龄化问题将更为突出；同时，由于改革和社会经济发展，我国人均寿命增加较快。根据联合国的数据，全球平均预期寿命从1950年的46.5岁上升到2017年的72.4岁，美国平均预期寿命从1950年的68.1岁上升到2017年的78.54岁。中国平均预期寿命则从1949年的35岁上升到2017年的76.5岁，翻了一倍还多，增长速度更快。因此，中国的老龄化程度要比全球平均水平更为严重，这必须引起高度重视。

在养老金的准备方面，各国的预筹资金情况不同。例如，澳大利亚2018年的预筹资金占国内生产总值（GDP）的125%，在全球属于比较高的水平。虽然我国社会保障基金规模较大，但截至2018年末，中国养老金储备仅约占GDP的10%，在全球属于比较低的水平。与此同时，中国有大量的国有企业，国有企业的一部分股份划拨社会保障基金，是增加我国养老金预筹资金的一种可能选择。

总的来看，增强养老保障可持续性大致有以下四种办法：一是延长退休年龄。不过，退休年龄不能无限延长，延长过多会使劳动生产率下降，从而影响企业竞争力，在一些政治承受力较差的国家还会引发社会不满甚至动荡。二是增加储蓄，既可以增加自愿储蓄动员，也可以增加强制性储蓄。三是降低退休后的收入水平，也就是替代率。从全球看，较为适当的替代率是60%~80%，这个比例可以调整，但如果替代率下降过多，在政治上也会存在一定的困难。四是增加预筹资金的投资渠道和效率，确保资金保值增值，这涉及资本市场能否更好地发挥作用。养老金的可持续性与资本市场的健康发展是相互促进的。

二、养老金改革的总体框架

目前，对中国养老金改革仍存在很多争论。首先，在目标上存在分歧。我们强调养老金改革的目标，既要考虑退休金适合度，能够确实起到保障作用，还要兼顾公平、效率及风险分担。其次，不同部门对我国养老金存在的问题、工具和政策的预估效果意见也不统一。不同的部门可能有不同的政策工具，各个部门都会优先选择自己的工具，跨部门工具使用的协调与配合往往存在难度。这可能导致用不同的时间跨度和目标实现尺度去评价具体政策工具的功效。

建立一个较为综合的衡量目标，并将政策选择进行跨部门效果比较，有助于将讨论维持在同一框架内，避免各说各话。“三十人小组”（以下简称 G30）讨论并撰写了一篇题为“应对养老金危机”（Fixing the Pension Crisis）的报告。使用“危机”这个词凸显了问题的严峻性。该报告首先讨论了对养老金可持续性问题认识不统一这个关键问题。为此，G30 采用了“终生财务安全”（Lifetime Financial Security，LFS）的度量方法。各国基本上都存在养老金缺口（含用现收现付填补的缺口）问题，在预期寿命动态变化和退休年龄变动等安排下，可以比较不同措施能够使全社会未来累计 LFS 缺口减少的程度，以保证跨部门的政策讨论具有可比性。例如，它针对某些国家可测算出，如果退休前储蓄率提高，增加相当于 2% 的 GDP 用于养老金，可能减少 LFS 缺口 22%；如果以降低投资成本或提高投资总收益等方式将预筹资金投资净回报率提高 2%，可能减少 LFS 缺口 10%；如果到 2050 年退休年龄延长 4 ~6 年，可能减少 LFS 缺口 15%；如果退休年龄延迟到 70 岁或更高，则可能减少 LFS 缺口 50%（不过这一点在微观上并未得到支持，因为年龄越大，劳动生产率越低）；如果退休人口工作时长达到一般劳动年龄人口的 20%（包括灵活工作时间）并减少或推迟依靠退休金，可能减少 LFS 缺口 25%。须知，政策评估方法不同产生的差异往往超出常人的直觉。

从养老金的具体模式看，全球各国养老金正在不同程度地从现收现付制的受益基准型（Defined Benefit，DB），逐渐转向预筹积累的供款基准型（Defined Contribution，DC）。目前，多数国家都选择 DB 和 DC 相结合的模式。

中国养老保险采用的是社会统筹和个人账户相结合的结构（统账结合），本质上是创建了一个混合型部分积累制，也就是“现收现付制加个人账户预筹积累制”的模式，其初衷是将社会统筹和个人账户的优势发挥出来，目的是实现预期稳定和多缴多得。但是，目前我国养老金预筹积累的占比太小，个人账户透明度不够且有透支，也降低了劳动者供款的积极性。未来肯定需要考虑提高个人账户的占比，调动职工劳动积极性和供款积极性，提高企业生产率。

DB 和 DC 相结合的模式，可以有以下几种选择：一是政府提供低保；二是补偿，根据现有的收入和财产情况给予补偿至最低标准；三是保底增值，即对预筹积累的资金，政府为收益率保底（国际金融危机以来，全球进入低利率时代，投资者对资本市场回报率波动是否过大、整体收益率是否会降低等问题有诸多质疑）；四是政府提供有担保的债务性产品供养老金投资；等等。

从 DB 转向 DC，存在转轨过程中新老过渡问题。在受制于中老年职工养老金账户空账问题的情况下，为发挥 DC 的优势，可以采用名义账户的办法，即个人账户中已被拿去用于现收现付的部分采用名义记账，使用类似国债的利率计算其回报，保持对个人的激励，同时实现代际平稳过渡。

另外，我们还可以采取历史还原法。例如，我国在 1999 年正式取消了福利分房，当时，很多单位房改按照个人工龄、职位累计计算打分，再折算回去。这种对隔代人的处理办法可供养老金改革借鉴，年轻人都可采用实账 DC，但对中年人、老年人可以建立名义个人账户，包括实账和空账两部分。此外，中国还存在城乡差别、所有制差别，都可按照历史情况，采用历史还原法，在养老金改革转轨过程中解决代际公平问题。

中国还有着特殊的国情，存在大量国有企业，国有资本可以用来填补 DB 向 DC 过渡的空账。一方面，我国养老金的欠账是在国家资产负债表的负债方；而在资产方，从我国国有资本的形成历史看，是通过计划经济及转轨过渡时代的价格、税收扭曲和人口结构，通过“低工资、低福利、高积累”扩大了国有企业的资本积累，形成了巨额国有资本。

另一方面，还有一部分国有资本是国家借债形成的国有股权。将这些国有资本还原为养老金进行经营管理并核算，还是仍然保持国有资本经营体制并进行核算，哪种方式更有效率？这是值得讨论的问题。理论上，养老基金作为财务投资者，通过参股方式参与公司治理，有利于实现国企监管从“管企业”向“管资本”转变，并提高国企的经营效率。目前，划拨 10% 的国有资本可能还不够，仍然有很大余地来填补养老金的缺口。

三、养老金的支付方式与经营管理

养老金可携带性说易行难。由于劳动力市场的流动性，很多人可能一生会有多个工作岗位。特别是新生代和“90 后”，在不同岗位上切换次数大大增加。因此，养老金接续成为一个大问题。中国过去已经碰到这个问题，当时解决这个问题的思路就是可携带性。理论上，外地务工人员返乡不再外出务工后，应该把他的养老金带回去。但是，现实操作中的实际效果很差，因为不知道究竟哪部分应该带回去，是带回 8% 部分还是 20% 部分也能带回？已被用作现收现付的部分如何处理？已投资的收益和增值部分如何处理？外来务工人员和当地政府讨价还价难度较大，最后可带回的数量相当小。很多务工人员宁可多拿些实实在在的工资，这反过来又会影响养老金的供款和可持续性。

金融和电子支付的发展，提供了分布式养老金经营管理和支付的可能性。依靠金融业信息技术发展，养老金以后可以实现N对1的支付体系。一个人一生可能在N个地方的岗位上工作，在N地都有养老金供款，都有个人账户。N地的退休制度可能略有差别，预筹资金的经营主体和投资也可能有所不同，但该人退休后可以从N个账户向其进行养老金支付。过去，由于金融电子化程度不够且成本高，实行N对1支付会效率很低，搞那么多账户很不经济。但随着信息技术的进步，这些成本已大大降低，N对1支付完全可以实现，同时还提供了多地多种改革及过渡方案分别推行并允许试错的可能性。

养老金投资运营需要处理好竞争与效率的关系。我国的职工基本养老保险统筹起步时层次比较低，大多从县级统筹起步，逐步提高到市级统筹和省级统筹。目前，中国的养老金多数是在省一级统筹经营管理，也有一些省的养老金委托全国社保基金进行投资。2019年国务院正式发文提出扩大养老金统筹，但究竟统筹到什么程度，仍能听到各种不同意见。有人主张仍在省一级实行统筹，对全国统筹存在疑问。这实际上涉及养老金投资管理机构的市场竞争与经营效率的权衡问题。

党的十九届四中全会提出，要加快建立基本养老保险全国统筹制度，但也首次提出，适当加强中央在养老保险方面的事权。理论上，一定程度的竞争会促进养老金投资管理机构提高投资回报，管理好的机构会给管理差的机构形成压力。如果只有一家机构，连个对照比较都没有。但是，机构过多引发成本过度上升，也会带来回报率损失。有些国家完全依赖私人养老金投资管理机构，机构个数多，每个人都有选择用哪个机构的自由。私人管理机构大量打广告等费用，最终可能要消耗掉养老基金收益的2%。刚才提到，如果投资回报能够提高2%，LFS缺口能减少10%，可见，如果管理机构个数太多，并不合算。中国作为一个大国，可能需要有限的若干个养老金投资管理机构，但也不能太多。考虑到近14亿人口以及与现有行政管理体制的衔接，现有30个省市已存在养老金投资管理机构，或许这个数量就是合适的，还有允许探索试错的好处。

养老金投资管理还涉及风险偏好，基金管理机构针对不同年龄段的养老金投资可能在风险管理上有所不同，需要通过未来的实践探索究竟什么样的风险合适。有建议提出养老金不能投资于8%以下回报率的项目。但是，有关投资回报率的主张不能主观性太强。毕竟，“高收益、高风险”是金融投资的客观规律。现实中长期投资实现8%的回报率，并不是一件容易的事情。另外，不同支柱中预筹养老金的税费体系，也是中国未来需要面临的一个问题。鉴于未来的长期经济前景及金融市场具有不确定性，特别是存在经济金融危机的不确定性，政府性机构也不可能确保长期的投资回报率，为此，投资回报的风险分担也是关系到养老金能否可持续的重要方面。

是否允许养老金进行全球化投资也是一个重要的选项。一些小国的养老金往往可以在全球进行多元化投资，避免因限制在国内而缺乏高回报率的投资项目，全球分散化投资有利于提高回报、分散风险。最近，美国参议员马可·卢比奥递交了一份提案，提议禁止美国集体投资基金投资中国的公司（主要是指上市公司），特别是禁止养老金投资中国，这份提案是与全球多元化投资背道而驰的。就我国而言，养老金能否进行全球化投资，既取决于我国资本项目开放进程，也与国内资本市场的健康发展密切相关。

四、养老金改革还有更多的跨业延伸

养老金本身是一个多维复杂的系统，既涉及很多金融的内容，还会延伸出很多更大的复杂性问题。一是养老金改革要处理好自愿储蓄与强制储蓄之间的关系。党的十四届三中全会就提出了大体相当于经济合作与发展组织（OECD）定义的养老保障“三支柱”的概念（不过在具体内涵上与当前官方定义有一定的差异）。2005年，世界银行又提出了养老保障“五支柱”的概念。我们应首先厘清这些概念。这些内容又与税收有着密切的联系，因为税收直接影响能否为养老金制度提供有效激励并实现设定的目标。二是养老保障与住房、健康保险的关系。住房是可以和养老相联系的，中国已经有人进行住房养老的尝试，但是机制和计算方法仍不合理，政策准备也不够充分，还出现了一些诈骗问题。养老问题和健康保险的关系也很重要，特别是有效的老年医保能够减少应对老年健康问题的强制储蓄和自愿储蓄，这些储蓄将更多地在普通养老金和医保之间寻求合理平衡。三是在很多国家不同代人之间的政治话语权是不一样的，民粹主义倾向容易导致所谓的选票型政策偏向问题。

养老金制度改革方案对不同年龄组的选民有不同的影响和感知，从而出现一些政策制定上的偏差。养老金的制度设计本身已非常复杂，再考虑到上面这些延伸的复杂性，养老金改革确实是一个多维复杂的系统，值得大家予以高度关注。中国将面临特殊的老龄化加剧问题，养老金改革争论了很多年，但我们改革的决心和步伐仍不够大，目前为止还有不少难题没有得到很好的解决。本应动个手术才能解决长期问题，但也有人建议用吃止痛药的办法缓解短期痛苦。要从多个维度全面分析、讨论、测算、论证，高度重视相关各方的激励作用，作出大胆有效的改革，这也是一项考验我们经济学功底和智慧的重大课题。

第二章

中国养老金体制演进：改革阻力与突出问题

一、养老金体制改革框架的确定

在计划经济时代，我国普遍实行低工资制，成本会计是扭曲的，当时成本低估、利润高估，企业用利润解决职工退休金、住房问题。在经济体制转轨过程中，企业逐步实现工资正常化、成本显性化，原有退休金筹资模式不可持续，因此，社保体制也要配合转到市场经济轨道上。

在党的十四届三中全会《关于建立社会主义市场经济体制若干问题的决定》中，第 26 条、第 27 条、第 28 条是当时关于社会保障体系的基本设计。设计基调参考了智利、新加坡的做法，从百分之百现收现付转为预筹积累，个人账户以收定支（又称供款基准制或缴费确定制）为主，同时加一部分商业保险，也即国际上所谓统筹、个人账户和商业性养老保险相结合的“三支柱”体制，并强调建立多层次社会保障体系，按照社会保障的不同类型确定其资金来源和保障方式，区别对待。

其中，第 26 条是关于建立多层次社会保障体系，发展商业性保险业作为社会保障的补充。第 27 条是关于统筹和个人账户，当时主要考虑城镇职工，城镇职工养老和医疗保险由单位和个人负担，实行社会统筹和个人账户相结合，也可以实行个人储蓄积累养老保险。第 28 条是关于养老基金的管理，强调社会保障管理和基金运营要分开，养老基金运营要有公共代表参与监督，确保保值增值。按照当时的制度设计，会形成社会保障基金的筹集、运营的良性循环机制。

当时的设计主要基于以下几个方面的考虑：一是在“现收现付”筹资模式下，当时人口老龄化还不明显，将社保缴费率定为 28% 即可运转，而未来随着人口结构逐渐老龄化，社保缴费成本巨大，总费率将更高，例如将达到 35% 才能实现可持续，这在很大程度上将减弱我国企业的竞争力。二是当时养老金待遇低，覆盖人群少，建立预筹积累制度相对容易，需支付的转轨成本较低，早改比晚改好，越往后越难改。三是中国地区间、城乡间、不同所有制企业间、公务员与非公务员之间的养老待遇非常不均衡，制度有差异，国家也没有足够财力学习西方国家搞成一致的社保待遇。

二、落实养老金体制改革框架的三重阻力

根据党的十四届三中全会确定的改革框架，我们从 1997 年开始逐步建立落实养老金改革框架，在过去这些年中，改革遇到了三重阻力，致使现行的所谓社会统筹与个人账户相结合的养老保险制度实质上是一个总费率高达 28% 的现收现付计划，没有完全实现党的十四届三中全会确定的社保改革方案。

第一，关于选择何种社保筹资模式的争论比较激烈。2000 年左右，当时的主管部门主张维持“现收现付”，并请国际劳工组织（ILO）作为外部专家支持其论点，偏离了党的十四届三中全会确定的养老金改革框架。

第二，2001 年前后，关于减持、划转国有股权解决养老金转轨缺口的改革失败，没有实现预期目标。当时国有股减持方案本已获决策层同意，但消息提前泄露，引起股市波动，不得不搁置减持计划。减持国企股权补充社保的方案遇阻后，有人给决策层贡献了

动静小一点的“打补丁”思路，国企赴香港上市时，首次公开募股（IPO）筹集的资金交10%充实社保基金。“打补丁”方案的目的是好的，但拖延了治本的时机，也不符合公司治理的基本原则。

当时，在权衡长期问题与短期问题的决策上，短期问题占了上风。2003年宏观经济形势好转，国企股权划转社保的改革变得不那么紧迫，相关问题随着政府换届往后拖延。之后，中央政府也曾想推进国企股权划转社保的改革，但等搞清楚相关问题又临近政府换届，不得不继续搁置。然而，长期问题不尽早下手处理，到出问题时就晚了。

同时，随着经济社会发展，“人人平等”观念深入人心，用全民所有制国有资本弥补社保缺口，必须覆盖全体国民，按照全民待遇一致的原则改革社保制度，不能再用本企业处置股本的钱解决自己职工的事。然而，经过算账，国家财力又无法负担，于是只好搁置改革。

第三，财税政策没有有效鼓励商业养老保险的发展。20世纪90年代，中国财政收入占GDP的比重仅为10.5%，国家财力不允许为发展商业养老保险提供相关税收优惠。现在，我国财政收入占GDP的比重接近发展中国家平均水平，财力条件具备，但财政对商业养老保险仅给予税收递延支持，优惠力度依旧不足。美国401(k)主要也是用税收递延政策作为鼓励，优惠力度较大，个人在退休时可选择一次性领取或逐年领取。如果选择一次性领取退休金，则确认为当年收入，需负担较多个人所得税；如果找保险公司将退休金转为未来年金逐年领取，每年领取数量相对较少，低于个人所得税门槛，即可免税。

三、当前养老金体制存在的突出问题与挑战

总体而言，我国构建了社会统筹和个人账户相结合的城镇职工基本养老保险制度，规范了机关事业单位职业年金和企业年金的管

理办法，开展了个人税收递延型商业养老保险试点，对养老保险第三支柱进行探索，并加快了划拨国有资本充实社保基金的步伐。

然而，如前所述，由于党的十四届三中全会确定的养老保障制度改革未能完全实现，现行的所谓社会统筹与个人账户相结合的养老保险制度实质上仍然是一个以统筹为主的现收现付制。这一体制在二十多年的运行中，显露出一系列亟待解决的突出问题。

第一，养老金收支缺口正在显现，养老金的财务可持续性问题日益突出。在部分省份和资源枯竭、人口外流地区，已经出现当期养老保险基金收不抵支。随着老龄化程度不断提高，未来估计会有一半省份出现养老金收支缺口，养老金的财务可持续性面临严峻挑战。

第二，现收现付模式下，用不断提高缴费率的办法满足养老给付需求，导致我国养老保障缴费率属于国际较高水平，影响企业竞争力。

从国际经验看，多数情况下养老保障费率是个人交8%，所在企业替职工交8%。如果养老保障体系的预筹积累资金能够在资本市场运营，获得当时资本市场的平均回报率，大体就能覆盖退休支出。但是，在现收现付制筹资模式下，如果老龄化比较严重，假定其他参数不变，养老金体系的资金可能就不足以覆盖退休金给付需求，从总的财务计算上来讲，只好通过提高养老缴费率来加以解决。也就是说，养老金不足，就不断加大企业的养老缴费率，8%不行就提高至12%，如果还不行就提高至16%，再不行就提高至20%，中国就是这样的情况。

如果依然按“现收现付”这种模式运行，在人口老龄化高峰的时候，年轻一代的养老缴费率可能超过30%，这样会严重影响年轻一代劳动者的工作积极性。

企业的养老缴费比例不是可以无限提高的，高到一定程度，会使企业负担过重，严重影响企业部门的竞争力，就会产生“减税降费”的压力和呼声。在企业看来，这20%养老缴费不是对劳动者的“有效劳动报酬”，而是一种“额外费用”，甚至像一种“杂费”，无法起到提高职工劳动积极性的作用。劳动者也认为这不是对他劳动贡献的报酬。所以，企业和职工两方面的积极性都没有得到调动。因此，时间长了，当企业经营有困难的时候，就会抱怨“杂费”过高，需要降低。特别是在经济下滑的时候，这种情况会更加明显。2019年，中国存在经济下行压力，国际形势也不稳定，还有贸易摩擦，所以企业缴费部分从20%降到了16%。

然而，2019年推出下调养老保障缴费率的安排，并没有特别明确地回答，将会出现的养老金财务缺口未来如何解决。从总的财务计算角度来讲，养老金有缺口，在假定其他参数不变的情况下，应该是通过提高税收、提高养老缴费、增加财政收入来加以解决。当然，也有一种说法认为，从长远看，当前降低养老缴费率“放水养鱼”，未来经济形势好了、企业经营好了，养老缴费的收入会更多，但是这种“拉弗曲线”效应也没有明确的数据模型和计算上的论证支持。究竟是有明确的算法和模型论证减税降费后，提高企业效益能够把这部分养老缴费收入损失“捞回来”，还是仅仅把矛盾推向未来，以后再解决，需要加以论证。

第三，个人账户体系存在较多问题，养老保障缴费进入个人账户的比例偏低，而且大部分被用作“现收现付”。

在现行养老金体制下，养老保障缴费进入个人账户的比例不够，激励劳动者工作积极性的作用在很大程度上没有体现。社保这部分缴费，劳动者感觉不到，个人觉得劳动报酬低，劳动贡献的积极性就会偏低。而且只有一小部分预筹资金沉淀下来，大部分都用于现收现付，甚至大部分个人账户的钱也都用于现收现付。

总之，中国的养老金体制在宏观上面临老龄化急速加剧的趋势，需要进一步重视养老金体制未来的宏观可持续性。在微观上须重视企业的经营状况，若个人劳动生产率得不到充分的激励，费率又过高，企业竞争力就会下降。要考虑和推出“治本”的根本措施，宏观上养老给付可持续，微观上改变机制，使养老金更加可行、更具激励作用，维持企业竞争力，从而维持经济增长，跨越中等收入陷阱。

第三章

中国养老金体制改革：未来方向与核心议题

如前所述，人口老龄化对我国经济社会产生了重大影响，对养老保障体系可持续性带来了巨大挑战。完善养老保障体系，系统全面地考虑体制改革和政策体系的建立，已经刻不容缓。

例如，养老保障究竟是供款基准制还是受益基准制？如何更好地实现养老预筹基金的保值增值，同时促进资本市场的发展？如何设计和发展个人账户，究竟是吃“大锅饭”还是“小锅饭”？等等。

从政策工具的角度看，虽然有多种政策工具可以选择，但如何选择和搭配这些工具，要有前瞻性。须事先把问题想清楚，绘制一张相对稳定的面向未来的改革路线图，而不是经常朝令夕改，否则政府的信用会有所下降，企业和个人对养老金体制的信心也会下降，认为未来还需要变革，如此一来，现行的承诺就会大打折扣。从这个意义上说，养老金改革也是一个涉及激励机制和信心的综合工程。

针对养老金的可持续性问题，从具体政策看，有一些工具可以运用，但也面临约束和挑战。

首先，提高缴费率来应对养老金缺口，不可过度。提高养老缴费率来解决养老金缺口是最容易想到的方法，但缴费率不可能无限提高，高到一定程度会使企业负担过重，严重影响企业部门的竞争力。也就是说，提高缴费率是一个办法，但是不能过度使用。

其次，延迟退休年龄来应对养老金缺口，亦有年龄上限约束。随着养老金缺口逐渐显现，中国也计划逐步延长退休年龄，有决策者对此寄予厚望。现在中国女性退休年龄为 55 岁、男性 60 岁，将来可以提高到女性 60 岁、男性 65 岁，如若不够，继续提高到女性 65 岁、男性 70 岁，甚至女性 70 岁、男性 75 岁。中国的人均预期寿命 77 岁，如果退休年龄超过 77 岁，从总量来讲就不需要再付养老金了。延长退休年龄无疑是弥补养老金缺口的一条出路，但亦有约束，不能过分使用。每个人的具体情况有所不同，有人过了一定年龄其实不再有工作能力，不退休，还要给其付工资，生产率将被明显拉低，表面看养老金给付推迟了，负担减少了，但事实上损害的是企业的竞争力和经济增长潜力，最终会得不偿失。

最后，若以上方法都无法解决问题，就需降低替代率，减少退休以后的福利。这是现在世界上很多发达国家的做法，退休以后能拿到的养老金收入，或者说退休福利，略低于退休前最后一年拿到的平均工资，比如 60%~80%。实际上，从全社会来讲，如果养老基金不可持续，解决方法之一就是降低替代率，比如从 80% 降到 70%，从 70% 降到 60% 或者 50%。

从制度设计角度着眼，中国养老金体制仍需彻底改革，未来改革的核心方向包括：

第一，养老保障筹资模式应从“现收现付”向“预筹积累”转轨，增强财务可持续性。从宏观角度出发，需要回答这个核心问题，即在人口老龄化背景下，未来养老资金来源到底够不够，到底缺不缺钱。养老保障涉及使用隔代的钱，假设人均寿命、出生率、年龄中位数等人口参数固定不变，那么，用“现收现付”模式解决当前的问题，也就解决了未来的问题，这是以往的惯常思维。然而，现在的实际情形是，中国的老龄化发展速度非常迅猛，老龄化问题很快会十分严重，而人均预期寿命的提升又非常快，在这种情况下，养老保障体系很快将出现巨大的资金窟窿，必须考虑如何从根本上解决这个问题。须从过去的集中型现收现付，转到一种新的更可持续的发展状态，即预筹积累，以求得资金平衡。养老保障体制和医疗保障体制，都需要一定的预筹积累。

第二，“三支柱”需设计平衡。所谓“三支柱”，就是既有政府保障，又有个人账户，也有商业保险，须考虑三者比例如何设计以实现平衡。不能因为第一和第二支柱改革推进难度较大，就对第三支柱抱有不切实际的期待。

第三，提高养老保障缴费中进入“个人账户”的比例，实现激励和提高效率。在统筹账户和个人账户相结合的养老保障体制下，须提高养老保障缴费进入“个人账户”的比例，增强职工对养老缴费的获得感，增强对相关主体的激励作用。

从企业的角度看，养老保障缴费应成为“有效劳动报酬”，才能提高职工劳动积极性。企业通过劳动报酬换取职工的劳动贡献，劳动者和企业之间，劳动报酬对应劳动贡献，若企业给的报酬不够，劳动者出的力就相应不足。而如若企业支付的养老缴费放在养老金“个人账户”之中，企业在对劳动者支付劳动报酬的时候，既有现金的报酬，也有一部分以养老金个人账户的名义支付的，养老缴费就会成为“有效劳动报酬”，从而发挥积极的激励作用。

从世界上不少国家的实践看，养老金都是个人和公司等比例缴入“个人账户”，比如8%+8%（新加坡公司和个人的缴费比例有非对等比例的动态调整机制，主要表现为经济景气出现特别变化的时候，可调整公司上缴部分的比例，以应对景气变化，事后再回到尽量相等的比例）。也就是说，职工个人交了8%以后，公司自动给职工交8%，而且这8%也计在职工个人账户上，因此职工感觉到这16%的钱是在自己账上。对年轻人来讲，虽然个人账户里的钱无法动用，不如现金工资的激励作用那么大，但是依旧会有明显的激励机制，在一定百分比上和现金工资一样发挥了激励作用。尤其是个人账户透明度比较高，法律上、执行上都明确保障账户里有多少钱随时可以查，甚至账户里的钱如何保值增值都可以随时查询，激励效果会非常强。总体来讲，在个人和企业等比例向养老金个人账户缴费的做法下，养老缴费资金在微观上可起到“有效劳动报酬”的激励作用，值得肯定。

从职工的角度看，到退休的时候，是采取“多积累就享受更高标准的退休金”的方法，还是采取“人人平等”的做法，也涉及激励机制的问题。不难发现，最好的办法就是“个人账户”，强化养老缴费与养老金待遇挂钩，“多缴多得”，以调动职工参保缴费的积极性。

第四，做实个人账户，通过资本市场投资实现保值增值。如果实行预筹积累模式，就会衍生出预筹积累的养老基金的管理问题。而养老基金管理和资本市场密切相关。养老保障体系的预筹积累资金，必然要经过投资保值增值，和资本市场“共生共荣”，养老基金管理者也会成为资本市场的一个主要机构投资者。如果完全没有预筹，或者只有少部分预筹，养老金体系支持资本市场发展就无从谈起。

另外，前些年在一些国家的尝试中，出现了一种国际经验，即“名义账户”。也就是每个人都有“个人账户”，但是个人账户里的钱有相当一部分已被拿去用于“现收现付”，其中的钱并没有被真正用于投资，但是名义账户按照国债利率的平均值来计算其回报，等退休时发放给个人，由财政或者公共资金出钱来支付。大家可以看到名义账户里的资金，及其按照国债回报率的保值增值，然而事实上账户里不见得有实际的钱。尽管名义账户有一定的激励作用，同时也有一定的透明度，但名义账户对资本市场的支持作用不大，因此，还应做实个人账户，将预筹资金用于投资运营。

第五，实现劳动力自由流动与养老金可携带。在工业化和城镇化进程中，劳动力流动性越来越强，随之而来的一个问题就是他们的养老金的可携带性。20 世纪 80 年代到 90 年代，大量四川、湖南打工者到深圳、东莞，工作一段时间后，要回家结婚生子或者换到其他省份工作。因为那时候没有实行全国统筹，养老金的管理在省级或者市级地方政府，所以当时就提出了养老金可携带性问题，也就是这些打工者是否应该把他们在深圳、东莞缴纳的养老金带回四川、湖南。

打工者可能有一部分自己交的“个人账户”，还有一部分公司交的“统筹账户”，也就是过去的“20%+8%”。劳动力流动的时候，首先，打工者只带走“个人账户”8%那一部分，“统筹账户”20%的部分怎么处理？而“统筹账户”的钱也应该算在他们头上。

其次，如果打工者带走“个人账户”8%那一部分，已经在资本市场投资的那部分回报是否可以带走？带回去以后又存放在哪里？即便打工者走的时候可以带走部分养老保障缴费，但由于制度的明确性不够、透明度不够，缺少法律制度保障，要跟缴费地的政府讨价还价，而且这些打工仔、打工妹的讨价还价能力远不如当地政府，在具体谈判过程中可能处于劣势地位，因此实际能带走的，恐怕也会受到很大的克扣。所以，有一系列问题需要解决。

党的十九届四中全会提出“加快落实社保转移接续、异地就医结算机制”，有增强可携带性的意思，进一步体会其中包括哪些内容，对于未来的养老体制改革关系重大。

第六，通过电子支付发展实现 N 对 1 付款。随着电子支付越来越发达，可以采用“N 对 1”的养老金支付办法，解决跨省流动就业劳动力的养老金可携带性问题。不管是“名义账户”还是“实际账户”，雇佣双方向劳动者“个人账户”里缴纳的养老金，劳动者走的时候若不拿走，可在缴费地的养老基金中继续存放和经营，经营的回报率须是透明的。退休时，算一下劳动者在哪几个地方工作过，如果有 N 个地方，就按照每个地方工作的时间长短，拨出一定的比例，按期以某种方式，用电子支付，从 N 个地方支付养老金。据了解，很多在国际组织工作过的人，如果他在那儿工作的年头达到一个基本线以后，养老金就是这样支付的。

若时光倒退到 20 年前，银行的多账户支付体系成本很高，管理上也很困难，N 对 1 的给付并不现实。但是随着计算机技术的发展，目前这种 N 对 1 的支付方法非常容易实现。所以，对于解决劳动力流动和养老金可携带性问题，金融体系也可以作出贡献。

针对上述政策，不同部门、不同群体可能会以不同的目标来衡量。有些人也许只关心其中的某一种或两种工具，因为他们对这一两种工具比较熟悉，也有一定的决策权或者决策建议权。如此一来，对不同政策的沟通和评估也就成为改革中需要关注和着力解决的重要内容之一。

第四章

中国养老金体制改革：多维评价体系

从最直观和简单的角度看社会保障制度，它表现为社会的安全网。然而进一步的分析则表明，它是一种典型的、服务于多重社会经济目标的系统，具有多重特性。它的直观目标是为社会成员提供基本的安全保障，而要较好地实现这一目标，又直接涉及社会公平（平等）问题以及与此相联系的隔代人之间的收入再分配问题和对个人的激励问题。如果再进一步进行经济分析，我们还可以看到，社会保障又涉及积累及消费模式的选择、自身的管理成本以及所有制结构等问题。因此，评价社会保障制度不应该以个别尺度简单行事，而应当从多重目标的实现程度及其多种特性的尺度来进行综合评价，这样我们在进行保障制度的重新设计和改革的过程中才能避免出现偏差或遗漏。

基于这样的认识，我们认为有必要设定一个多维的评价体系，它大致包括以下十个方面的评价尺度。

---

* 本章节选自周小川、王林合作撰写的《社会保障：经济分析与体制建议》，原文发表于《改革》1994 年第 3 期和第 4 期。作为社会保障制度不可或缺的重要组成部分，养老金制度改革中的评价体系可套用社会保障制度改革的多维评价体系。为体现作者当时的思考原貌，编者未作更新。

一、社会安全保障的完善程度以及与此相应的社会安全感

安全感是人的基本需求之一。人们在现实生活中有可能遇到形形色色的不安全，例如，个人的生老病死，社会上的恶势力、种族冲突和偷盗抢劫，等等。对这些风险，个人和家庭的能力是有限的，因此需要社会提供一定程度的安全保障。在一个具有比较完善的社会保障制度的社会中，人们就可以获得较高程度的社会安全感，那种因缺乏保障而铤而走险的犯罪现象就会大大减少。能否建立比较完善的社会安全网，从而使人们获得较高程度的社会安全网，这是我们评价社会保障制度的一个基本尺度。

我国进行社会保障制度的设计和改革，应当将建立完善的社会安全网和满足社会成员对社会安全感的需要作为一个基本目标。不管采取什么具体的保障方式，如社会统筹安排，或是个人账户方式，都是要使人们获得安全保障，使人们确实感到未来的养老和医疗等基本方面是有保证的，不会因各种事先不能预料的事而侵犯人们的利益。例如，不会因发生通货膨胀或国家领导人的交替等经济或政治方面的原因而影响未来的养老保障；不论人们是否会得大病或发生意外伤残，经济上都应有基本保障；等等。总之，人们对于制度上的某种安排都会有一定的心理预期，一种稳妥的安排就会产生一种安全的预期，就会使人们的心态比较安定、平稳。

这里还需要指出的是，社会安全感的形成并不一定绝对地与人们的生活水平相联系。有些国家收入比较低，但社会安全网建立得比较好，人们的社会安全感会比较强；而另一些国家收入比较高，但社会安全网建立得不好，社会犯罪多、人际关系紧张、不安全，人们的社会安全感会比较差。

二、社会公平程度

社会保障制度是社会发展和社会进步的产物。它关注的是全体

社会成员的基本保障，以求得整个社会的安全。因此它特别强调对于全体社会成员的公平性，在某种程度上也具有平等性的含义。从这个特性来看，社会保障的覆盖面如何是有重要意义的。例如，从全社会来看，是不是一部分人能够受益于社会保障制度，而另一部分人却不能够从社会保障制度中受益；或者说不同的人享有同样的保障待遇是否需要付出不同的代价。这类问题强调了社会保障的平等性质，也对社会保障制度本身提出了更多的要求。当然，从实际情况来看，一些发展中国家的社会保障只给居民中的一部分人提供了保障，一般是现代部门中的工资领取者，而没能覆盖全体社会成员，应当说这一方面受到了经济发展水平的限制，另一方面也与社会保障制度的选择有关。从我国的情况看，主要存在两种差别：一是城市居民（或者说现代产业部门职工）与农村（或者说传统农业部门）农民在社会保障的受益上差别很大，二是不同所有制的职工享有社会保障的方式和程度是不同的。前者在相当大的程度上是难以避免的，但是今后需要努力缩小这种差别；后者在很大程度上是与过去传统的经济体制相联系的，今后应当是可以改变的。特别是手段不一致不等于效果也必然不一致，有时手段虽然不一样，却可以取得同样好的效果，从而也能够达到社会的公平。

三、对个人的激励作用

社会保障可以使人们获得基本安全的保证，并具有一定的公平性，这是它好的作用的一面，但与此同时，它也面临着另一方面的问题，即是否能为个人努力工作和推动经济增长带来恰当的动力。如果社会保障制度设计不完善，就容易出现两类问题。一类是有关个人工作积极性的问题。像欧洲有些国家，失业救济金给得过多，工作与不工作的差别比较小，退休后的生活保障也是平等的，且由公共财政承担，就不利于调动人们的工作积极性；同时，过重的财政负担还导致高税率，如果工薪税或个人所得税的边际税率定得过高，会进一步挫伤人们的工作积极性。另一类问题与个人消费有关，即多积累与少积累的差别问题（将在下段评述）。如果社会保障制度设计使得人们不管个人积累是多是少都可以享受同等的保障水平，那么就会挫伤人们进行积累的积极性。传统的社会主义中央计划经济（特别是苏联、东欧国家）中的社会保障都是受益基准制，提供了相对较高水平的社会保障，如公费医疗、低租金住房、没有失业等。这些都是造成工作动力不足的原因。

四、对积累及经济增长的贡献

从积累的角度评价社会保障制度，主要看社会保障是否能促进整个社会形成一个适当的积累率，从而促进经济增长。实现经济增长，一方面要靠每个社会成员努力工作，另一方面还要求社会上不断有新的投资形成积累。从哈罗德—多马模型来看，积累是经济增长的最重要因素。亚洲经济增长较快的国家和地区，其积累率也都比较高。社会保障制度及各种计划安排又会对总储蓄即积累的形成产生相当重要的作用。

然而，有些经济学家提出，积累率并不是越高越好，而是要与供给的结构等因素相匹配，有时还需要鼓励消费，因此，社会保障制度及政策选择涉及消费最佳模式的问题，是一个比较复杂的问题，还需要进行更深入的分析。

首先，哪一种社会保障方式可以对积累产生积极作用呢？从受益基准制来看，由于它实行现收现付制，无须安排积累，所以并不对积累产生什么作用。这一关系是比较明确的。当然，从整个社会来看仍然有积累，这种积累主要依靠自愿性储蓄、由税收征集到的财政储蓄和企业储蓄形成。显然，这种积累与社会保障并无直接关系。从供款基准制分析，由于它采用预筹积累的方式筹集所需资金，因此对形成积累会产生直接作用。但是它能否促成一个比较适当的积累率，还要取决于具体的政策规定及数量指标。如果供款量的数额不大，积累就会很有限。要形成适当的积累，就要规定适当的供款量。

供款基准制的预筹积累方式实际上是一种强制性或半强制性的储蓄积累方式。为什么要采取这种带有强制性的做法呢？其理论分析是基于人们的非理性预期，就是说，人们不见得都具有能够合理预期的长远眼光。在年轻时对未来的估计及所做的安排往往是不够的，因此，收入中用于当期消费过多，而用于未来的预留不够，这就需要通过强制性的方式，帮助他们进行储蓄和积累。

那么，进行强制性储蓄积累对社会的总储蓄和积累是否有效？有一种观点认为，强制性储蓄积累会抵消自愿性储蓄积累，所以对于总储蓄率来讲是无效的。从实际经验的结果来看，这种说法是缺乏根据的。事实上，进行强制性储蓄积累后，自愿性储蓄积累并不是等幅下降的，总储蓄率往往是有所上升的。在年轻型人口结构向老年化人口结构转化之前预先积累是有益的，它可以为将来老年赡养人口的剧增做好准备。当然，如果财政税收的设计有长远观点，财政储备也可以作出一定的准备。例如，保证足够的税收，其中一部分用于支付现在的养老开支，结余部分可安排为基金，也可用于基础设施投资，像修建公路、铁路、城市设施等，实际上是进行实物积累。到人口老龄化时，财政支出就可以减少用于基础设施投资的比重，把省下的钱用于养老开支。从这个角度看，对于如何进行积累是有争议的。

通过社会保障方式促进积累率的提高是否有益？对于这个问题也有不同看法，它涉及适度积累率和最佳消费模式的选择问题。一般说来，过低的积累率对经济增长不利，对老年人的保障也不利，但是过高的积累率也不一定好。过去不少分析认为，积累率过高会带来一些问题：其一，影响消费，会造成消费品的库存积压，进而影响消费产业的生产及发展；其二，大幅度增加投资需求会造成资本货物供给不足，造成失调；其三，强制性积累过高会影响生产者的积极性；其四，强制性积累过高会使当期劳动成本增加，损失廉价劳动力的优势，从而影响外商投资；等等。这些分析表明，确实存在一个适度积累率和最佳消费模式的选择问题。即 GDP 中究竟有多大比例用于消费是最佳的，而消费在多大比例上能够适应当前的生产能力以及当时的人口结构（人口结构直接影响产品结构），多大的比例是最有利于经济增长的？这一问题既可以从静态最优化分析，也可从动态优化分析；从最优化模型来分析与从哈罗德—多马模型来分析，两者得出的结论是有差别的。

不管采用什么样的分析方法，积累和消费的比例都有一个比较合理的界限，低于或高于这个界限就需要进行调整。这就涉及宏观调控能力的问题。如果存在强制性积累，对这一比例的调节就会成为对积累和消费比例关系进行调整的手段。在某些缺乏调节手段的经济中，特别是在利率调节不易使用的条件下，这种通过调节强制积累率进而调节积累和消费比例关系的手段就能发挥重要的作用。例如，新加坡在经济不景气时，采取降低公积金供款率的做法来增加消费，以刺激景气的恢复。当然对这种做法也有争议，但这终究不失为一种调控手段，而社会保障制度的设计将对这种宏观调控手段产生影响。

在社会保障制度中，对积累产生重要影响的另一个因素是有关的税务安排。在实行累进个人所得税的条件下，最高的边际税率究竟对投资的作用如何，如果投资可以做税基扣减，就相当于是一种鼓励投资的措施。与此相类似，对于社会保障所做的税务安排也会发生是否鼓励积累的效果。一般情形如用于养老供款的全部个人部分可以免缴个人所得税，企业部分可列为劳动成本开支，这种税务安排会对积累及社会保障制度的创造起鼓励作用。

五、管理成本尺度

实施社会保障必然要消耗人、财、物而产生成本，特别是涉及对相当庞大的信息进行管理从而形成显著的信息管理成本的问题。如果采用供款基准制的方式，就面临个人账户系统的管理及其成本的问题，包括管理每一个人的各种信息，如连续工作状况、失业与否状况、供款量的大小和变化状况；当预筹基金用于投资时，还要包括投资基金的管理运营和回收的信息；最后的环节是受益人的信息，按这些信息来实现养老金及其他受益款项的支付；等等。如果采用受益基准制的方式，同样也存在管理成本问题，要根据受益公式的标准掌握每个人的有关情况，由此决定收益分配；特别是如果受益公式复杂化，信息管理的数量和成本将会进一步增加。上述所有这些管理，不论是由公众机构来负责，还是由私人机构来组织，都需要付出一定的开支，就是说 GDP 中要有一部分资源用于这种服务，这是必要的、不可避免的，但是我们在进行社会保障制度的设计时，必须研究怎样才能使管理成本合理化的问题，这也就是管理成本尺度的含义。

从经济学和管理学的角度看，似乎在特定的体制下总可以找到某种方法使管理成本合理化，而在实际管理工作中往往不一定能找到独立于制度选择的降低成本的方法。制度和政策的不同往往会使成本差别非常大。在实行受益基准制的社会保障制度中，政府以工薪税的方式筹集资金，并按受益公式进行再分配，管理成本可以降到较低的水平，例如，美国受益基准制这部分退休金体制中的管理成本占供款总额的比例不到 3%。但是，在供款基准制中实行个人账户的方式，并鼓励多家机构以竞争方式开展业务，推销相同类型的保障服务，管理成本就会大得多。例如，智利采用这种方式，其成本占所筹集到的供款额的 30% 左右。虽然这一部分成本是用供款投资后产生的增加价值支付的，但从供款人最后受益的角度看，其收益减少了，从全社会看，社会总资源的利用效率降低了。上面这两类情况表明，出于体制和政策设计上的原因，有可能寻找一种好的设计，可以在全社会中使用较少的人力、物力和财力资源而很好地实现社会保障，而一种不好的设计可能使用了相当多的资源但效果未必与此成本相匹配，这类似于产品的性能价格比。这充分说明了体制选择和政策设计的重要性。

这里可以提出几点具体考虑。第一，一些原有的既定方法是否有改进的余地。例如，在实行供款基准制的时候是否要采取竞争性的方式进行，这是可以讨论的。因为多家机构推销同一种远期保障的服务产品，需要花费大量的广告等推销费用，而实际上，人们需要用对未来的预测作出选择，大多数人对于未来的选择并不十分清楚，虽然竞争性推销可以提供多种选择，但如果人们并不真正会选择，就可能导致整体成本较高，而效果有限。因此，我们也可以设想改变这种方式，对所提供的保障服务作出大体的规定，从而减少不必要的竞争性推销的成本。第二，在投资选择方式上怎样才能以较少的成本取得较好的投资效益，这涉及很多其他方面的经济衡量问题。例如，如果设想在有发达的证券市场的条件下进行投资，就可以提供多种投资组合，有利于降低投资风险；在证券市场比较完善的情况下，投资和回收也易于进行。但是，如果没有股票市场，例如，只能投资于国库券，就可以只用较少人力组织投资，节约成本，但同时又会存在风险，如政治情况的变化、宏观经济政策的变化等都有可能影响投资收益。

最后，需要指出的是，管理成本只是衡量社会保障体制众多尺度中的一个尺度，在某种体制下，有可能成本是高了些，但可能更好地实现了其他目标，因此又是可取的。

六、隔代人之间的收入再分配效应

由于社会保障制度自身带有明显的社会再分配特性，因此评价社会保障制度还需要用经济学中研究再分配的方法加以审视，特别是要力求避免出现隔代人之间的收入分配不公正的问题。所谓隔代人之间的再分配，指的是在全社会、不同年龄段（以“代”来区分）的人们之间出现的再分配，如老一代人对经济增长贡献很大而得不到适当的养老保障，则相当于从老一代人中收税向年轻一代再分配。

受益基准制是根据一定的受益公式决定受益分配的，具有极为明显的社会再分配特性。供款基准制从理论上说可以不搞过多的再分配，但多少也有一定的再分配功能，特别是在失业、伤残等方面的社会保障，再分配的特征也比较明显，在养老方面，社会保障的再分配效应如何，则主要取决于社会保障体制和具体政策的选择。如果不考虑或者忽视隔代人之间的收入分配问题，或者从某种政治权衡出发，在社会保障制度的选择上有意偏向于某一年龄段的人们的利益，那么就可能使某些年龄段的人们，如老年人（或年轻人），享受超过其自身贡献所积累的社会财富，而另一年龄段的人们，如年轻人（或老年人），却不能享受到他们的贡献所积累的社会财富。这一矛盾有时还会因人口结构的变化变得更加尖锐。这不仅是一个社会经济问题，而且是一个重大的社会政治问题，也是政治可行性及分组居民的公众选择问题。在进行社会保障制度设计的时候，我们应当高度重视这个问题，并力求比较客观、公正地解决这个问题。

七、政治性选择的影响程度

社会保障制度的设计应当在一定程度上避免政治选择和政治目标的影响，以保证其稳定性和可靠性。这包括两重含义：

其一，要避免因社会体制及政治变化使社会保障难以为继，从而影响社会的稳定性。如果由于体制或政治变化使原来承诺的社会保障无效了，就会使社会安全网以及与此相关的社会安全感遭到破坏，人民就会不安和不满。社会保障制度的设计应当考虑避免政治震荡的冲击，即使在发生政治变化的情况下，社会保障仍然能保持连续性和稳定性。

其二，要避免从短期的或狭隘的政治考虑出发作出随意性安排。一些政治家为了赢得选民的拥护，有可能在社会保障方面作出一些随意性的安排和承诺，例如，增加老年人的社会保障待遇或减轻年轻人的负担，这会造成隔代人之间的收入再分配的变化，从经济上看可能是不合理的，但被政治家利用。在某些国家、某一时点上，这个问题会很敏感，社会保障的制度和参数选择在一定程度上为政治上的角斗所利用。从社会保障制度设计的角度看，应当把政治性利用控制得越低越好，要从经济、社会、人口状况出发来安排，而不受短期的政治考虑，或为个别政治派别的利益而随意安排。

八、实现过渡的代价

由于社会保障制度是一个长期、动态系统，涉及以前作出的承诺和未来的兑现问题，因此，从一种类型的社会保障制度转变为另一种类型的社会保障制度的改革，特别是在受益基准制和供款基准制之间切换时，必然存在一个过渡特性的问题。如果不能妥善过渡，往往还会造成非常严重的隔代人之间的收入再分配问题。例如，苏联和东欧国家原来都有普遍的养老和医疗保障，而现在重新进行了制度选择，原来的社会保障承诺现在实际上并没能兑现，所以老一代人的境遇就变得很糟。当然，这也有其他多方面的原因，如过渡期的整个经济状况不佳，全体居民的生活水平整体下降，长期系统更易受通货膨胀的侵害，等等。但总之，苏联和东欧国家的情况表明，过渡性选择是一个比较难以解决的问题。因此，用什么方式解决过渡性的问题，在过渡过程中是比较公平还是很不公平，过渡造成的震荡和代价是否能为社会所承受，这些都是评价社会保障制度的重要尺度。

九、对所有权关系的影响

考虑到养老金制度，不管是隐含的还是明晰的，都与积累有密切关系，而积累必然要体现为投资，从而会与所有权相联系。从这样的分析出发，我们认为社会保障制度的选择是与所有权结构的选择有关系的。例如，如果选择实行个人账户，个人账户上的储蓄将会形成大量的投资基金，为了保证投资收益及回收，就要建立一套有效的机制，这就涉及这些基金在全社会所有权中占有相当比重的问题。所以，当我们把社会保障制度作为一个整体系统时，在其设计上就应当考虑到，其投资形成的资产所有权的管理效率如何，能否保证恰当的资产收益率；进一步说，当经济中原有的所有权关系缺乏效率时，社会保障的投资体制能否对改变这种缺乏效率的所有权关系有所贡献？我们认为这两者是可以结合在一起考虑的。社会保障制度的改革对于促进企业产权关系的变革确实可以发挥一定的作用，这也是在设计社会保障制度时应当加以利用的方面。

十、对资本市场的作用

由于社会保障的积累特性，它可以与推动资本市场的发展联系起来，进而对资本市场的推动程度也可以作为衡量社会保障制度的一个尺度。

社会保障对于推动资本市场的作用如何，与具体的体制选择有关。从受益基准制看，它与资本市场基本上没什么关系。苏联和东欧国家多年没有资本市场，受益基准制的社会保障照样可以进行。从实行供款基准制看，它对资本市场的作用也是不同的。新加坡的公积金投资是由一个机构去做，对资本市场的形成和发展没有特别大的推动作用。智利采取由多个养老金机构进行投资的方式，对资本市场的发展就起了强有力的推动作用。一是多家竞争参与资本市场，会使资本市场非常活跃；二是每年都有大笔资金投入资本市场，会使资本市场迅速壮大。上述情况表明，不同的选择会产生不同的结果。所以，我们在选择社会保障制度时，需要考虑当前的经济社会发展阶段对培育资本市场的需求程度，需要事先把对资本市场的作用程度作为一个尺度加以考虑。

第五章

什么是 DB、DC 以及混合制?

从养老金的具体制度模式看，全球各国正在不同程度地从现收现付的受益基准制（Defined Benefit，DB），逐渐转向预筹积累的供款基准制（Defined Contribution，DC）。目前，多数国家都选择受益基准型和供款基准型相结合的模式，而且由于可持续性问题，重心更多地向供款基准制方面转移，所以未来的模式是供款基准制占比较大，至少比现在要大很多的一种模式。

一、供款基准制

供款基准制意味着保障措施对具体受益人的提供取决于（或主要取决于）该受益人过去在保障体系中的资金贡献量（供款量），其基本特征之一是，它采用预筹积累的方式筹集资金。其原则是，先积累后受益；而且资金积累的过程不是一次完成的，而是要在若干年的时间里，按照一定的上缴比例，逐月逐年地缴费累积而成；同时，资金积累不是静态的，而是要不断地把上缴资金汇集起来，用于投资，创造新的利润，从而实现保值并形成更多的资金积累。

---

* 本章主要内容节选自周小川、王林合作撰写的《社会保障：经济分析与体制建议》，原文发表于《改革》1994 年第 3 期和第 4 期。为体现作者当时的思考原貌，编者仅作了少量补充和调整。

这种预筹积累方式的主要优点在于它能够保证社会保障有可靠的资金来源，不会发生寅吃卯粮的问题。

供款基准制的另一个基本特征是，它强调谁出资积累，谁受益；受益的多少取决于积累数量的多少；其具体方法是采取个人账户。这一方式的主要特点在于它在社会保障体制中引入了激励机制，由于个人账户产权界定清晰，因而可以调动人们进行积累和劳动的积极性，避免吃“大锅饭”的弊病。

在供款基准制中还可以作更细的划分，例如，可以依据组织管理者的性质划分为两类不同的做法：一类做法是由公众机构进行组织管理。这种类型以新加坡为典型，实施社会保障的各个环节都是由公众机构——中央公积金局负责的。其前提条件是新加坡人口少，没有很深的自由市场经济的历史传统，国家及公众机构比较廉洁和有效率。另一类做法是由私人性质的机构进行自由管理。美国的养老基金就属于这种类型，它们基本上由私人机构制定规则和组织运营。其前提条件是美国具有很强的自由市场经济的历史传统，资本市场比较发达，消费者自主选择的意识很强。

然而，更进一步的分析表明，上面的两种类别也并非十分明确的划分。我们可以把实施社会保障的过程分为几个环节，如规则的制定、信息系统的管理（包括个人账户的管理）、投资及其收回投资以及收益分配，而在上述每一个环节上都可以有不同的做法，这几种不同的做法还可以有多种搭配组合，由此便可以形成更多的细分类别。

第一，规则的制定。实行供款基准制，具体规则是由公众机构制定，还是由私人机构制定并允许相互竞争，这是可以进行选择的。例如，供款占收入的比例，雇员与雇主（或机构）的比例，在分配方面遇到养老金提取的条件、标准，积累多了是否允许移作他用，在多大程度上允许交叉使用等问题。

第二，信息系统的管理。采用个人账户的方式进行预筹积累，必然会产生大量的信息，需要进行庞大的信息系统的管理。这一信息系统的管理既可以由公众机构进行，也可以由私人机构竞争性地进行。例如，新加坡由于人口少，建立个人账户的信息系统相对也比较小，所以可由中央公积金局实行计算机化管理，从实际情况看，他们的管理也是比较有效率的。但是，如果是一个人口众多的国家，建立个人账户将会形成一个极为庞大的信息系统，如何进行信息系统的管理就需要从管理科学的角度提出合理的方案。在这种情况下，可能就不适于采用由一个公众机构进行集中管理的方式，而宜于实行多层次的分散式管理，因而就产生了是否应由私人机构进行管理的问题。当然，由私人机构进行信息系统管理会产生一些新的问题，如效率问题和争端的裁决问题。

第三，投资及其收回投资。采用预筹积累方式要求不断地把资金用于投资，而进行投资活动也可以有两种方式，像新加坡是由中央公积金局这一公众机构负责投资活动，而在另一些具有很强市场经济传统的国家，人们并不倾向于由公众机构负责投资，他们更愿意相信私人投资机构的投资效率，倾向于由私人机构进行投资。进行投资涉及几个方面的问题：一是要计算并承担投资风险，二是要追求较高的投资回报率，三是要依据出资者的偏好组成不同的投资组合，四是要对不同的投资进行相应的管理并实现回报。要正确地选择投资活动的组织形式，就要根据这些方面的特性及要求作出利弊权衡。

实际上，这几个环节中不同的做法还可以有不同的搭配组合。例如，由政府或公众机构制定规则，由私人机构负责管理信息系统、组织投资和收益分配，智利就属于这种类型。再如，由公众机构负责制定规则和管理信息系统，由私人机构负责组织投资，这也是一种类型。此外，对由私人机构负责投资的部分，还可设立某种规则，要求私人机构对其投资进行再保险，并指定再保险要选择公众或政府的保险机构。

二、受益基准制

受益基准制意味着保障措施对具体受益人的提供取决于（或主要取决于）规定中的受益与否的标准（或公式）。

首先，受益分配的方式是根据一定的受益公式，按照受益人当前的状态（如年龄、身体健康状况、失业期等）是否符合特定的标准而决定的。这种收益分配方式注重的是受益条件的公平性，而不注重受益人以往在资金上贡献的多少。

其次，从资金筹集方式看，受益基准制的基本特征是采用现收现付制来筹集资金并满足当期支出。

从受益分配方式分析，由于它强调的是根据统一的受益条件决定受益水平，在条件面前人人平等，因此具有较强的社会公正性。这里，社会保障具有明显的再分配性质，起到了一种收入均等化的作用。然而，如果从另一个角度看，这种受益分配方式的优点的背面恰恰又隐含着不足之处。即由于它不是依据人们以往贡献的大小来决定受益水平，因此就有可能出现吃“大锅饭”的问题，会挫伤贡献多的人继续努力工作的积极性，而贡献少的人也没有压力迫使他改变现状。正是由于缺乏激励机制，近来人们正在思考如何通过改进受益公式使其包含一定的劳动贡献因素来弥补激励特性上的不足。

从现收现付制的筹资方式分析，其优点在于管理相对简便，它的资金来源主要是税收，无须建立庞大的信息系统，不涉及投资及收回投资问题，因此管理成本较低。现收现付制要取得好的效果，要求环境条件相对稳定。首先，它要求经济发展以及与此相关的财政收入相对稳定。实行现收现付制，在一定时期内，它的支出水平是相对稳定（或变化较小）的，因此要求收入也必须稳定在同样的水平上，如果经济发生较大波动，从而引起财政收入的大幅波动，那么势必会引起支付上的危机或被迫修改已承诺的受益公式。其次，现收现付制要求人口变动相对稳定。由于现收现付制是以当期工作人口上缴的税费来支付当期退休人口的社会保障支出，如果人口结构变化剧烈，特别是出现了人口老龄化时，就会使社会赡养比例过大，造成支付上的困难，或对当期工作人口征税过重而影响其工作动力。

近年来，由于人们对受益基准制已表现出的弱点有了一定的体会，因此出现了一些变革的趋势。例如，受益公式的改进就是明显的例证。过去的受益公式（包括逻辑公式和计算程序）比较简单，现在则倾向于较为复杂，在复杂的计算方式中包含了供款方面的信息。这样可把供款基准制中的某些因素吸收到受益基准制中来，兼容了供款基准制的一些优点，从而有可能解决受益基准制当前存在的一些缺陷。

此外，受益基准制的资金来源主要是税收，如果财政部门有科学预测的长期动态的计划，在税收较多或社会保障支出负担较轻的年代可将一部分税收拿出来进行长期投资，形成部分实力的积累，这样便可以调整因经济周期或人口结构变化引起的波动。例如，人口年轻化和高速经济增长年代，税收收入多，便可拿出一部分做基础设施投资的支出，从而保证社会保障的开支。这在一定程度上类似于预筹积累的作用，对经济衰退可以起一定的熨平作用，对人口老龄化带来的支出也具有一定的滤波作用。

三、混合制

前面的分析表明，供款基准制和受益基准制是社会保障体制的两种基本类型，它们在资金的筹集方式、受益的分配方式等方面都有各自不同的特征，从而形成了各自的优势与不足。同时，两种基本类型本身又存在着进一步划分子类型的可能。为了给体制选择提供更大的决策空间，人们不希望只看到极端的方案，还要求看到搭配混合的可能性，即从0或1的决策变为0到1的决策。恰好，供款基准制与受益基准制有可能进行某种不同比例的混合。

有可能具有普遍意义的混合制是使用受益基准制来提供普遍性的最基本的社会保障，而使用供款基准制对具体个人提供附加的个人保障。也就是用较低的工薪税税率征收一部分公共财政收入，由财政支出按某种受益公式对退休、医疗、失业、伤残、意外等提供水准较低的但普遍适用的基本保障，这一部分保障强调公平性和社会安全网的作用；但大多数人不会满足于低水准的退休金及其他保障，因此仍要安排供款基准制的附加保障，这是个人账户、自存自用、预筹积累式的，它提供了明确的激励特性。两者之间比例上如何搭配，取决于经济社会的具体不同条件和体制偏好。如经济实力强大且体制偏好上倾向于公平和社会安定，可将受益基准制的作用比例安排得大一些；如经济实力不足且倾向于保持有力的激励以促进经济增长，可将供款基准制的作用比例安排得大一些。

这两者之间的搭配，有可能是0到1之间的连续性的方案选择。

需要注意的是，人们永远做不到将两种对立事物的优点结合在一起而完全避免其缺点。就这两种基准方式的综合而言，有可能造成社会成本的提高，既要有一支队伍从事工薪税的征收并按受益公式实现再分配，又要有一支队伍管理个人账户及其投资等业务。就全社会而言，这无疑是消耗了更多的资源来实现特定水准的社会保障的目标。

我国的养老金体制采用的是社会统筹和个人账户相结合的结构（统账结合），本质上是创建了一个混合型部分积累制，也就是“现收现付制加个人账户预筹积累制”的模式，其初衷是将社会统筹和个人账户的优势发挥出来，目的是实现预期稳定和多缴多得。但是，目前我国养老金预筹积累的占比太小，个人账户透明度不够且有透支，也降低了劳动者供款的积极性。未来肯定需要考虑提高个人账户的占比，调动职工劳动积极性和供款积极性，提高企业生产率。

与个人账户相关的另一个问题是，如何保障个人账户的待遇。这有若干种选择：一是保底增值，在个人账户资金的经营过程中，养老金经营者投资失误、金融危机以及养老金经营体制出问题等，会给个人账户的资金带来风险，尤其是国际金融危机以来，全球进入低利率时代，投资者对资本市场回报率波动是否过大、整体收益率是否会降低等问题有诸多质疑。此时，也可以采用国家对经营风险给予保底的办法，就是说对个人账户经营的最低收益率给予保护。这有点像期货的保护价，比如说粮食、棉花收购的时候，虽然总体上服从期货的价格，但是也可以设置保护价。二是政府提供有担保的债务性产品供养老金投资。等等。

对于我国混合制中统筹部分的养老待遇，一是政府提供低保。二是补偿，根据现有的收入和财产情况给予补偿至最低标准：如果达到最低标准，就不予补偿；如果低于最低标准，差额的部分给予补偿，这也涉及财政的负担大一点还是小一点。20 世纪 90 年代中期，香港要回归，开始推行养老金改革、强积金和统筹部分的最低保障标准，并运用家计调查法（means - tested method），也即根据个人的收入和资产，来确定最低保障标准。如果个人拥有的收入和资产比较多，政府就可以少付一点。

总之，受益基准制和供款基准制相结合的混合模式，可以有多种选择，不像我们现在普遍理解的那么简单。哪种结合方式更符合未来的发展趋势，特别是符合未来由受益基准制比重过大转向供款基准制比重较大的这种结合模式，可以设计很多不同的政策，其中之一就是税收政策。这种模式的转变将有助于养老金未来的可持续性，最终对养老基金的财务健康也是大大有益的。

四、商业保险的作用

最后，在讨论基本概念时，应明确保险及保险业在社会保障中可以起到的作用。这是由于有些人对社会保障和社会保险不加区分。保险指的是在按特定规则缴纳保费的前提下，受益人由于不确定性导致的支出由保险机构承担。在如何衡量不确定性导致的支出问题上，所使用的可以说是一种受益公式，而缴纳保费则有些类似于缴税。从这个意义上讲，受益基准制的社会保障是一种社会保险，两个词有可能替代。但是，受益基准制并不是社会保障的唯一形式，供款基准制就不具有或只具有较少的保险特性，如果受益人在其个人账户中的积累不足，不管是否由于不确定因素导致的需要，原则上不能使用别人账户中的积累。在此情况下，社会保障和社会保险就不能混淆。我们说，保险的程度如何也是衡量一种社会保障体系性能的一项尺度，即便是供款基准制，它提供的保险程度也是设计者可以选择的。前面介绍了新加坡公积金制度演进的过程，表明其初期基本上不具有保险特性，而随后略有增加，但仍保持了相对较低的保险特性。这与他们更看重激励特性有关。

由于受益基准制的社会保障体系本身已是一种保险体系，因此在这种制度中就不必再引入更多的商业性保险为社会保障服务或作为一种补充。与之相反，供款基准制由于在原则上有别于保险，就往往有可能需要引入保险业来改善其提供社会安全网的特性，以应付由不确定性带来的各种问题，为此，保险业在供款基准制下也显得更有发挥作用的空间。

第一，人寿保险公司可以以私人机构的身份向人们提供有别于官方规定的人寿保险产品，并负责建立和管理有关受益人的信息系统，还可以负责收益分配工作，这些都可以发挥其专业特长，并且可以引入竞争性服务，也有可能降低管理成本。

第二，为了保证受益人的利益，由私人机构负责的基金投资活动可以由政府的或准政府的或商业性保险机构对其投资业务进行再保险。这种再保险本身便构成了社会保障的一个内在环节。

第三，由于社会保障中养老、医疗、伤残和失业这几个项目具有不同的特性，有些项目宜采用保险的做法。例如，伤残具有很强的不确定性，医药与治疗需求具有时间上和费用上的不确定性，因此也需要在不同程度上引入保险的功能。对养老来说，何时进入老年是可以确定的，但退休之后生命的长度却是难以确定的，因此，供款基准制中的受益人到退休年龄后是否允许全部提取个人账户中的养老积累，如允许提取个人账户中的全部积累，又存在受益人是否能够合理安排支出以应付寿命及健康的不确定性问题。在这种情况下，可以考虑的一种选择是把全部或大部分养老积累转为购买年金保险，今后不管寿命是长是短都领取年金。这也是保险业可以发挥作用的领域。

第六章

“三支柱”“五支柱”及其相关问题

从养老金体制的基本框架来说，通常有所谓“三支柱”和“五支柱”的说法。“三支柱”是 OECD 提出的概念，结构比较清晰；“五支柱”是世界银行后来提出的框架，有其参考价值，但普及程度不够。图 6.1 展示了 OECD 和世界银行关于“三支柱”和“五支柱”定义的区别。

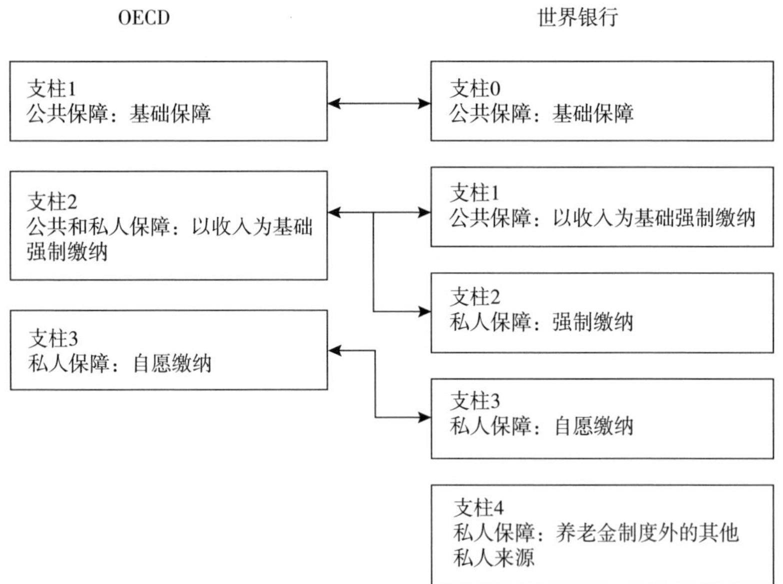

图 6.1　“三支柱”和“五支柱”

（资料来源：编者整理）

从 OECD“三支柱”看，第 1 支柱主要强调由公共部门保障基本养老资金（一般是受益基准制模式，即 DB 模式），是政府强制实施的公共养老金计划，资金来源可以是财政，也可以是别的渠道。

第 2 支柱是强制性、与收入挂钩的养老金计划（供款基准制模式，即 DC 模式），究竟能提供多少养老金取决于这些缴费和供款的投资收益。投资的管理者既可以是公共部门，也可以是私人部门。

第 3 支柱则是在制度规定以外的自愿性供款，一般由私人机构进行管理。

世界银行的“五支柱”结构中，支柱 0 相当于 OECD 支柱 1，世界银行的支柱 1 和支柱 2 相当于把 OECD 的支柱 2 分拆为公共和私人两部分，世界银行的支柱 3 和 OECD 支柱 3 是一样的，世界银行外加了支柱 4，也就是在养老金制度以外的收入来源。

目前我国对于“三支柱”的概念存在两个问题：一是比较乱，把失业、伤残等统统纳入了“大社保”概念，容易把问题复杂化，因为有一些伤残、医疗等跟养老金的性质是完全不同的。二是现在社会上对养老金制度仅从表面上理解，即所谓“三支柱”是政府的养老金、企业年金和个人养老金。这导致概念上容易混淆，同时也不容易进行国际比较。

假如第 1 支柱和第 2 支柱无法提供足够的养老保障，在建立的过程中又存在困难，就有可能对第 3 支柱寄予比较大的期望。这里有两组问题需要厘清和明确。

第一，需要厘清第 3 支柱与其他概念之间的模糊地带，例如第 3 支柱和一般的储蓄存款或个人理财，究竟有何区别？

应该说有两个方面的区别：一方面，第 3 支柱需要确保是长期的计划，目的是退休后使用，也就是这个产品的设计需要保证是长期的，除个别情况外，只能在退休后提取使用；另一方面，政府会给予第 3 支柱一定的鼓励，也就是有政策支持，比如税收优惠，提供一些可靠的投资产品，提供一些减少风险的帮助，以及个别补偿性的措施，等等。因此，第 3 支柱与一般储蓄是有区别的。

这些概念不弄清的话容易导致混乱，尤其是在我国的居民储蓄率偏高的情况下，不能把一般储蓄也算到第 3 支柱里。

第二，不能因为第 3 支柱有可能在养老保障方面发挥作用，就放弃完善第 1 支柱和第 2 支柱，导致最终无法提供完善的保障。

第 1 支柱和第 2 支柱要有足够资金作为基础。一方面，政府税收中有一部分是用于提供养老保障的，另一方面，通过各种供缴费制度已经缴纳了养老资金。若由于制度问题，这两个支柱发挥的功效不够，继而需要大量的第 3 支柱作支持的话，就很容易造成 2000 年以后的大约 20 年时间里都普遍面临的问题，即家庭消费不够高。家庭消费不足其中一个很大的原因是所谓预防性储蓄，这会导致国际贸易顺差偏高，本币低估，外汇储备上升，实际上对宏观平衡也会带来不利影响。这里应特别明确第 1 支柱和第 2 支柱应该发挥的作用。

就现在的公共政策而言，包括财政政策等提供的鼓励和支持性措施大多是为了完善第 2 支柱，并未给予第 3 支柱太多的鼓励，那么未来这些资金可能会表现为一般个人和家庭储蓄，而非第 3 支柱。

总之，在这些问题中，首先，要把支柱的分类真正搞清，在此基础上同步发展第 3 支柱才具有合理性。其次，不能由于可能发展第 3 支柱，就放弃完善第 1 支柱和第 2 支柱。这会造成宏观上和制度上的多方面问题。最后，要区别第 3 支柱和一般储蓄，否则也会出现一些问题。在厘清以上概念的情况下，发展第 3 支柱当然很好，银行机构管理第 3 支柱显然也是可行的，因为若干年前银行在管理企业年金方面就已经作出了很多尝试，比如建设银行所做的代客年金管理。在改革的措施上，可以考虑用税收的方式支持第 3 支柱的发展，同时高比例划转国有企业资本充实第 2 支柱，等等。

第七章

为什么说终生财务安全是个好的分析框架？

目前，对中国养老金体制改革仍存在诸多争论。首先，在目标上存在分歧。我们强调养老金改革的目标，既要考虑退休金适合度，能够确实起到保障作用，同时还要兼顾公平、效率及风险分担。其次，不同部门对我国养老保障体制存在的问题、工具和政策的预估效果意见也不统一。不同的部门可能有不同的政策工具，各个部门都会优先选择自己的工具，跨部门工具使用的协调与配合往往存在难度。这可能导致用不同的时间跨度和不同的目标实现尺度评价具体政策工具的功效，从而产生问题。

建立一个较为综合的衡量目标，并将政策选择进行跨部门效果比较，有助于将讨论维持在同一框架内，避免各说各话。G30 小组讨论并撰写了一篇题为《应对养老金危机——确保终生财务安全》的报告，采用了“终生财务安全”（Lifetime Financial Security，LFS）的度量方法，从而很大程度上解决了对养老金可持续性问题认识不统一这一关键问题。这里根据 G30 报告，对终生财务安全的

---

* 2019 年 11 月“三十人小组”（G30）发布了《应对养老金危机——确保终生财务安全》（*Fixing the Pensions Crisis—Ensuring Lifetime Financial Security*），提出了终生财务安全的度量方法。周小川为 G30 成员之一。

** G30 报告对终生财务安全系统缺口的测算情况请参见附录。

基本概念作一个简单介绍。

一、终生财务安全的概念

终生财务安全是指能够满足基本的生活费用并在生命结束前维持期望生活水平的能力。终生财务安全系统结合环境考量因素，通过一系列政策和制度安排达到确定的显性或隐性目标（见图 7.1）。

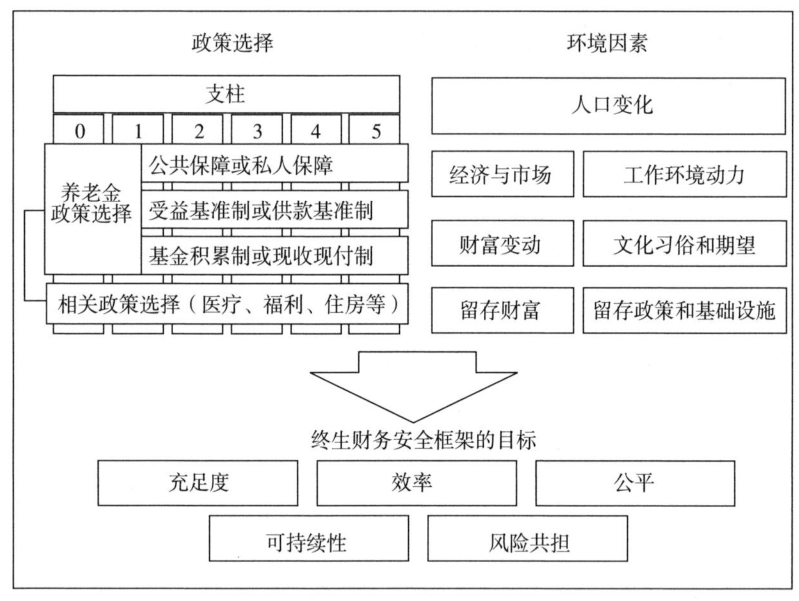

图 7.1　终生财务安全系统的理论框架

［资料来源：PWC（普华永道）］

传统意义上，养老金计划是传递终生财务安全的主要渠道。根据终生财务安全的框架，在政策选择上有三个主要议题，分别是：公共保障或私人保障；受益基准制养老金计划（即账户保证人员退休后每月收到固定额度的养老金）或供款基准制养老金计划（即人员在工作期间每月缴纳固定比例的收入进入养老金）；基金积累制或现收现付制。

同时，终生财务安全系统可以按保障程度分为六类，分别以支柱 0 至支柱 5 进行编号，每个支柱编号的提升意味着政策及保障的叠加。支柱 0 为最低的系统保障等级，指由公共部门提供生活上的基础保障；支柱 1 在支柱 0 的基础上增加以收入为基础的强制缴纳养老金；支柱 2 则是在公共部门的基础上增加私人部门的养老金强制缴纳；支柱 3 在强制缴纳的基础上增加自愿缴纳；支柱 4 指在养老金制度外寻求其他私人收入来源；支柱 5 则是最高级别的保障，不仅包括养老金制度和私人收入来源，还包括其他退休需求，例如住房和医疗（见表 7.1）。

表 7.1　G30 对终生财务安全系统的分类

支柱 0	支柱 1	支柱 2	支柱 3	支柱 4	支柱 5
公共保障		私人保障			公共 + 私人保障
基础保障	以收入为基础强制缴纳	强制缴纳	自愿缴纳	养老金制度外的其他私人来源	其他退休需求，特别是住房和医疗

资料来源：World Bank、PWC。

二、终生财务安全的政策选择

G30 报告认为，政策选择并不是非此即彼的。根据支柱等级的不同，养老金计划可以选择不同的政策组合方式。事实上，现在就有养老金将共同的固定受益计划与基于个人的固定缴款计划结合起来。随着终生财务安全框架等级的提升，需要对更多的政策选项作出选择，这取决于风险共担的程度、公民参与养老金计划的强迫程度等一系列议题。

个人的养老金或退休后收入是否充足取决于他在常规退休计划外能享受的服务。如果在医疗或住房等基础必需服务上，政府提供的养老计划或私人保险公司提供的养老计划覆盖面越广，个人的退休开支就越少。各国在这些退休相关服务提供上的财政开支都有所不同。如美国一样，许多国家在医疗上的公共财政开支要高于养老金上的公共财政开支（见图 7.2）。

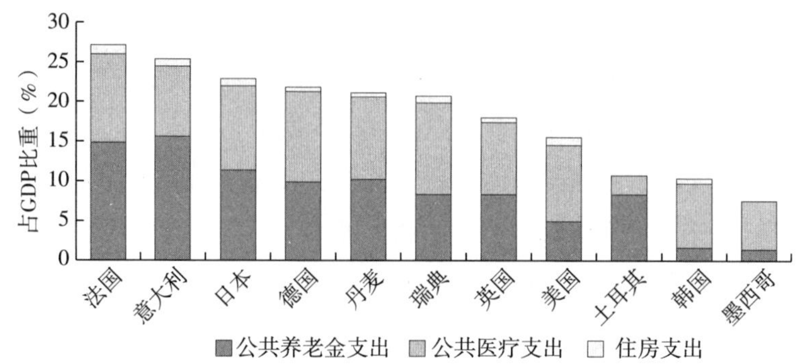

图 7.2　2015 年各国在养老、医疗与住房上的公共开支占 GDP 比重

（资料来源：OECD、PWC）

除了养老金计划外，在医疗与住房领域的政策选择同样是确保终生财务安全的重要组成部分。支柱 5 囊括的一系列便利设施是否能够达成取决于多个因素，包括社会的劳动生产率以及劳动人口为非生产人口提供福利的能力等。支柱 5 中的便利设施同样会受到经济风险和寿命风险的影响。

三、终生财务安全的环境影响因素

终生财务安全受一系列变化中的环境因素的影响，其中最重要的一个因素是人口结构变化。几乎所有国家都显示出预期寿命变长以及生育率下降的现象。这一现象大幅影响了适龄劳动人口（20 至 64 岁）与退休人口（65 岁以上）之间的比例平衡。1950 年，在发达经济体中大约每 1 个退休人员对应 10 个适龄劳动者，而到了 2015 年，该比例降至每 1 个退休人员仅对应 6 个适龄劳动者。如果当下的趋势持续，到了 2050 年，该比例可能变成 1∶2。如果缺少提高平均退休年龄等政策，上述人口趋势会增加非工作人口对工作人口的依赖，给社会造成严重的金融和文化压力。

除了人口变化，其他影响终生财务安全框架的环境因素如下：

经济与市场。经济增速与劳动生产率支撑了社会的福利供给，并且能够激发私人退休储蓄的收入和资本回报。

工作环境动力。如果一个人的工作或职业环境剧烈变化，这会影响个人为退休而储蓄的能力和愿望。

移民。大量移民会对一国的经济和人口造成影响。正面影响包括通过引进大量适龄劳动人口可以改善一国的抚养比以及提升经济增速。负面影响包括对现有的社会福利系统形成压力，这在政府的财政约束要求削减开支时表现得尤为明显。

文化习俗和期望。这取决于社会如何看待和解决老年人口的需求。

留存财富。这包括世代相传的主权财富和私人财富，这些财富有助于激励人们将收入用于为退休人口的消费进行融资并规避风险。

留存政策和基础设施。这包括现有法律和监管工具，相关公共部门或私人部门的建设，可以用来支撑终生财务安全的实行。

G30 报告还针对终生财务安全框架的目标以及如何评估终生财务安全系统设立了一系列方法，这包括：

充足度。在整个系统内，是否可以支持个人的基础必需生活开支并在生命结束之前维持预期的生活水准。

效率。从可得的资源中给出最大化的终生财务安全结果，这包括用于投资的储蓄减去行政及相关费用。

风险共担。在群体和个人之间合理分配职责和风险。

公平。这体现在福利的可获得性和分配上，也体现在世代间的责任分配上。

可持续性。在考虑人口因素、经济条件以及生产率变化的情况下，评估终生财务安全系统是否在未来发展中能够稳健存在。

四、终生财务安全衡量的可比较性

总之，终生财务安全可以用来衡量未来养老基金不可持续的缺口有多大，在预期寿命动态变化和退休年龄变动等安排下，可以比较不同措施能够减少全社会未来累计终生财务安全缺口的程度。例如，针对某些国家，测算结果显示，如果退休前储蓄率提高，增加相当于 2% 的 GDP 用于养老金，可能减少终生财务安全缺口 22%；如果以降低投资成本或提高投资收益等方式将预筹资金投资回报率提高 2%，可能减少终生财务安全缺口 10%；如果退休年龄延长 4～6 年，可能减少终生财务安全缺口 15%；如果退休年龄延迟到 70 岁或更高，可能减少终生财务安全缺口 50%（不过这一点在微观上并未得到支持，因为年龄越大，劳动生产率越低）；如果退休人口中约 20% 自愿选择继续工作（包括灵活工作时间）并减少或推迟领取退休金，可能减少终生财务安全缺口 25%。

这种可以比较综合地衡量各种政策工具效果的方法，能够保证跨部门的政策讨论具有可比性，使各部门就政策选择达成共识，从而推动改革的实施。

第八章

充分发挥个人账户的激励作用

我国养老金改革的目标是建立起一个“三支柱”的养老体系，与此相对应，在具体的制度模式上要从现收现付的受益基准制转向基于个人账户的供款基准制。因此，个人账户对新体制的有效运行和财务可持续性至关重要。

一、个人账户的历史沿革

早在1993年党的十四届三中全会上，我国就提出了建立个人账户的改革设想。1997年26号文确定的我国城镇职工基本养老保险制度是统账结合，即个人缴费8%，企业缴费20%；个人账户比例为11%，其中企业缴费划出3%进入个人账户，余下17%进入社会统筹。2005年38号文对其比例结构进行调整，个人账户比例下调至8%，完全由个人缴费形成，企业缴费20%完全进入社会统筹。为做实个人账户，从2000年开始，先后有13个省份加入做实个人账户试点，但一直并不很顺利。到2012年，全国记账额29 543亿元，其中，做实记清的个人账户规模只有3 499亿元，空账规模高达26 044亿元，而当年全国养老保险基金余额仅为23 941亿元，即记账额是全国养老基金余额的123%，这意味着，即使全国的养老基金余额全部用于做实，也还存在较大缺口。

表8.1　2006—2016年城镇企业职工基本养老金保险个人账户基金变化　　单位：亿元、%

	2006	2007		2008		2009		2010		2011		2012		2013		2014		2015	
	a	a	b	a	b	a	b	a	b	a	b	a	b	a	b	a	b	a	b
记账额	9 994	11 743	17.5	13 837	17.8	16 557	19.7	19 596	18.4	24 859	26.9	29 543	18.8	35 109	18.8	40 974	16.7	47 144	15.1
做实账户规模	—	786	—	1 100	39.9	1 569	42.6	2 039	30.0	2 703	32.6	3 499	29.41	4 154	18.7	5 001	20.4	3 274	-34.5
空账额	—	10 957	—	12 737	16.0	14 988	17.7	17 557	17.1	22 156	26.2	26 044	17.5	30 955	18.9	35 973	16.2	43 870	22.0
养老基金余额	5 489	7 391	34.7	9 931	34.4	12 526	26.1	15 365	22.6	19 497	26.9	23 941	22.8	28 269	18.1	31 800	12.5	35 345	11.1

注：a为金额；b为增长率。

资料来源：历年《中国养老金发展报告》，北京：经济管理出版社。

2015 年以来，学术界有声音主张缩小个人账户比例，甚至取消个人账户，因为个人账户为制度带来计发待遇的复杂性，不利于制度内共济互助，不能发挥再分配作用，不能为减少一次分配严重不公作出明显贡献。因此，有学者主张，我国养老保险制度应取消统账结合模式，回归到改革开放前单一的受益基准型现收现付制。

但是，缩小个人账户比例和取消个人账户都是不可取的，与世界各国养老金改革趋势相背离。在人口老龄化的大趋势下，各国都在寻找一种方式，能够将人口年龄趋势与养老金待遇计发方式联系起来。个人账户可以发挥多缴多得的待遇计发激励性作用，有利于实现养老金体制的财务可持续，并给予居民应有的安全感，鼓励居民合理消费。因此，合理的做法应当是充分发挥个人账户的激励作用。

二、充分发挥个人账户的激励作用

第一，企业和个人同比例向个人账户缴费，适度降低缴费水平。改革前我国企业加个人的养老金缴费率达到 28%，其中企业缴费 20% 全部进入统筹账户，个人账户完全由个人缴费 8% 构成。从国际比较的角度看，一是费率较高，二是个人账户的缴费结构不够合理，应参照国际做法，企业和个人同比例向个人账户缴费，适度降低缴费水平。比如，8%+8%，如果老龄化问题导致 8%+8% 不够，可以 10%+10%。我们的 20%+8%，相当于 14%+14%。按照国际上的统计规律，一辈子工作积累，其间资本市场会有与整个经济增长成比例的回报，一般来说8%+8% 够了，不行 10%+10% 也够，不需要高达 14%+14%。

企业和个人同比例向个人账户缴费，可有效调动各方面的积极性。有些国家不是强制性个人养老保险，如果雇员个人不缴纳 8% 参保，企业也不会缴纳 8%，所以雇员不缴费是吃亏的。尽管年轻时不在乎，可能 30 多岁以后就开始在乎。对企业来讲，养老金缴费在企业所得税前或税后列支，税制上有区别，但都是劳动成本，都有激励作用。

第二，提高个人账户透明度，避免雇佣双方矛盾转化为个人与

政府之间的矛盾。如果个人账户透明，不管是名义账户还是做实的账户，个人与企业之间会形成制衡关系，如果企业不缴费，职工会找企业。20%+8%的做法，如果企业负担的20%没交足，职工不找企业，因为职工根本不认为那是自己的钱。将来养老金不足的时候，职工找政府，导致本来在个人和企业一级能解决的矛盾上移，变成个人与政府之间的矛盾。

第三，个人账户有利于激励地方政府改善营商环境。雇佣双方等比例向个人账户缴费，本身不涉及地方政府的利益，但是涉及地方营商环境。地方政府历来非常在乎营商环境，以利于吸引投资。在地方负责养老金的制度安排下，职工退休时，从多个不同的地方，按工龄和缴费情况领取养老金，现在利用金融科技非常容易实现。同时，职工的养老金资金在各个地方经营，回报率可能不一样，有的经营得好，有的经营得不好，但是要透明平等，给当地人多少经营回报，就给外地人多少。在这样的情况下，地方政府就会在意养老金个人账户的真实性、可靠性、透明度，同时能够做到不歧视外地人，以改善投资环境和劳动环境。

第四，个人账户可以解决外来劳工“两头占”问题。改革开放已经40年，其中30多年，特别是20世纪80年代后期开始、90年代以来，大量的打工仔、打工妹回到家乡都面临在当地没有社保缴费的问题。怎么办？可以每个人登记在哪个地方工作了多少年，把在工作地工作期间向统筹账户的缴费转入个人账户，便于携带。这种做法有利于解决进城务工人员放弃农村承包地、宅基地的问题。

第五，个人账户可以促进养老金管理机构之间的竞争，提升经营回报水平。美国有各种各样的养老金，例如加州教师养老金是其中比较大的一个例子，每只养老金的长期平均回报水平，实际上有竞争关系。所以，中国的养老金经营不见得都集中在社保基金，如果由地方负责，经营收益会有横向对比。同时，地方政府需要提高透明度，不歧视外地人等。

第九章

用“历史还原法”推动模式转轨

如前文所述，我们的养老金体系在具体的制度模式上，需要从过去几乎完全是现收现付的受益基准制转向将来供款基准制占较大比重，另外较大比重地依靠个人账户的预筹积累，这可以减少未来的财政压力，与此同时也要保留一部分财政的力度。要实现这样的过渡，有两种办法：一种是所谓的“老人老办法，新人新办法”；另一种就是所谓的“历史还原法”。

一、“老人老办法，新人新办法”

这种办法是希望过几十年，比如三代人过去以后，问题就自动解决了。但事情实际上并非这么简单，也许三代人之后，问题还是没有解决。

“老人老办法，新人新办法”会面临这样的问题：过去由于存在工资成本方面的扭曲，实行低工资的时候，老人拿的工资较低。而新人如果住房也需自己负责，养老金也需自己缴费，医疗也要自己投保，这样算下来，工资就必须大幅真实化。而对老人来说，由于国家承担了各种社会保障，工资就不需要真实化。在同一个单位里，老人和新人相互比较或者攀比，新人认为，老人未来进入的是现收现付的养老制，住房也是分配的，所以应该拿低工资，年轻人就应该拿高工资。但是，年轻人有的刚参加工作，既没有什么技能，工作表现也不突出；老人级别高，技能强，却拿低工资，就会觉得不合适。

由此看来，在同一个单位里分成新老两类人，实践中会出现问题。年轻人进入新体制，但工资并没有给得足够高到能够支撑新体制；老人又不服气，不可能说既然住房、养老由国家或企业管了，就应该拿低工资。这种状况无法维持，老人和新人之间的关系也并非从某一天改革就可以切断，直接重新定位。由此造成的情况是，例如国家机关的年轻人，实际上他们的工资是买不起房的，最后要么国管局给他们想办法分一部分，要么有补贴地分一部分买一部分，而不是在 1999 年停止福利分房以后，马上实行一种真正能够按市场价买得起房的高工资。老人也不可能说既然住房、养老国家都管着，所以大家提工资的时候就别提，因为前后的制度是不一样的。所以，如果使用这种方法，老人和新人两头都做不到。如果求一个中间点，转轨过渡就很可能两代人三代人也做不完，如果不下决心的话，会拖得更久。

二、“历史还原法”

所谓“历史还原法”，就是要折算还原出在过去低工资时期、由企业利润或国家财政提供福利保障的养老体制中的中老年人的养老金。还原过程必须考虑每个员工的职务和工龄，并计算出相应职务和工龄可能相当于多少欠账。运用“历史还原法”的最好例子就是 1998 年的住房改革。在那次改革中，中老年人在一定程度上直接拿到了一部分房改房，新人则按照市场价购买。中老年人拿到了房改房，未来如果想改善，或者想增加面积，二套房就需要按照市场价购买。

具体地说，“历史还原法”的思路就是，不同的职工根据其过去在不同的所有制企业中工作的工龄占工龄年限的比例（比如说 35 年是一个能够工作的全部年限，现在已经工作了 25 年，比例为

5/7）进行折算，将他目前合理使用的房产权（不包括超标准使用的部分）无偿或低价转让给他。如一个双职工家庭，两人都工作了25年，按一个人总共工作年限为35年计算，则现有住房（如符合标准）的5/7产权应该转让给他们；在此之后则采用住房商品化的办法，即2/7的产权要按真实价格购买，分期付款购买或交付正当房租。住房改革后的工资已经真实化了，剩下的2/7不管是分期付款购买，还是付正当租金，都是与工资水平相匹配的。这样的做法，没有歧视那些工龄比较长的人。

根据上述分析，如果我们采取一步到位的住房改革，那么，应使双职工通过30年分期付款买到一套房子，工资每个月需要加至一定金额。企业按照这种真实的劳动力成本在市场上竞争，对他们的效益也产生了新的压力。同时，在新的制度实行以后，不管职工是租房，还是分期付款买房，每个月双职工要有工资的一部分用于住房方面，这样就实现了工资真实化和住房商品化。

对国有企业职工，则可以采用房产权转让的方式，再考虑双职工在不同所有制单位中工作的情况，这种转让是按职工界定的。假定双职工都在全民所有制单位工作，且各工作了25年，他们现在居住的房子如果面积是合理的，5/7的产权就转让给他们了（假定35年为工龄年限）。对于工作超过35年已经退休的双职工家庭，产权就全部转让给他们。转让的价值按住房标准核定，再用维修状况、新旧程度和社区条件略作修正（不可能搞得太复杂，否则工作量太大）。超标准住房的，只得到房产权转让的标准内的部分，超标部分要按估计的市场价格购买，或按新的房租（近似市场租）付租。只要设计时掌握好应转让的平均水平，则超标部分的额外收入应恰好可用来补偿低于住房标准的职工的产权损失，从而可明显地改进分配特性。

这个办法也可同样用于计算中老年人的养老金。如果还原出他们的个人账户，就能够确保两到三代人实现制度过渡，否则两到三代人也很难实现制度转轨。此外，中国还存在城乡差别和所有制差别，都可以按照历史情况，采用“历史还原法”，在养老金改革转轨过程中解决代际公平问题。

三、空账、名义账户和国有资本划转

还原以后，可能出现空账问题。也就是说，个人账户里没有钱。处理空账问题的一种方法是名义账户，对此较多被介绍的经验是瑞典模式。如果做得好，可能两三代人后就可以实现转轨。

还有一种办法就是用国有资本划转的部分来填充名义账户里的空账，使空账变成实账，这样过渡就更有保证。

当然，能不能下决心采用“历史还原法”确保改革过渡到未来模式的有效性，很大程度上取决于认识。首先，是不是认识到过去的体制问题很大，又不可持续，未来会造成很大的麻烦。其次，是否认准了一种未来的供款基准制和受益基准制相结合的大致目标，并朝着这个目标过渡。如果朝着目标过渡，就要按照未来的目标对历史路径上的欠账问题进行还原，同时进行填充或者进行名义记账，以确保过渡能够实现。

应该说，一些人既对历史上产生的扭曲和体制上存在的缺陷缺乏充分的认识，也没有认真思考过未来可能需要什么样的目标模式。在这两个方面都模糊不清的情况下，对过渡问题也不会有太清晰的认识。但是，作为经济学研究，把这两个方面梳理清楚，应该说是完全有可能的，而且梳理清楚以后，决策就逐渐清晰，社会上对这个问题也会有更好的了解和讨论。

第十章

划转国有资本补充养老金缺口

养老体制改革从计划经济的现收现付转向“预筹积累＋部分商业险”，需要找到解决方案来弥补转轨缺口，解决历史欠账。弥补养老金转轨缺口，可以考虑两种办法：一是发国债；二是国有资本减持划拨社保基金，弥补长期的养老金缺口。这里着重讨论划拨国有资本。

一、划转国有资本的可行性

首先，国有资本本来就是养老欠账形成的。从国有资本形成历史看，并不是真的财政有富余，而是计划经济时代的“低工资、低福利、高积累”使得企业成本不真实，扩大了国有企业的资本积累，从而形成了巨额国有资本。理论上说，如果转轨到市场经济，用市场经济会计原则看，本来给职工的这些住房和养老金就应该算在企业的成本中，应该作为劳动报酬发给职工，而不应作为企业利润进行再投资，或者上缴给国家再投资，从而形成国有资本。既然是从旧体制转到新体制，从新体制的眼光看，用划拨国有资本的办法弥补养老金历史欠账是恰当的。

其次，国有资本划转社保，可以提升国企经营效率。一部分国有资本是国家借债形成的股权，这部分资金本来在民间，可以成为民间的股权。如果国企效率高于民企效率，则国家举债形成国企股权也未尝不可。然而，信息不对称、激励约束机制不完善等问题导致国企效率相对较差，由私人部门持股经营，可以提高国企效率。所谓私人部门，不一定是老百姓个人，也可以是养老基金。养老基金作为财务投资者，通过参股方式参与公司治理，有利于实现国企监管从“管企业”向“管资本”转变。

最后，国有资本划转社保，有利于落实“竞争中性”原则，避免给人以对我发起贸易摩擦的口实。世界贸易组织（WTO）把国有企业归类为“公共部门实体”（public body），因为接受政府补贴，不是合格的市场竞争者。如果国有资本和负债一部分划拨给养老基金，养老金就变成了对国有企业的一种股权管理模式。养老金作为股权管理，其性质是代表公众来管理的股权。理论上可以认为它是由公众所有的私有资本，但同时它又是具有公共性质的管理机构，而不完全是私营实体，从而形成“养老金社会主义模式”（pension socialism），实际控制权仍在国家。这样更符合“竞争中性”定义，在国际上可摆脱“公共部门实体”补贴问题的争议。

总之，如果养老金有缺口，国家可以通过国有制，比如说未来也可以有分红来支持现收现付的缺口，也可以划拨给养老基金，由它经营管理，经营收益可以用于现收现付，也可以用于填充个人账户，减少未来个人账户上存在的缺口，或者提高个人账户的回报。

这里涉及的问题就是究竟国家管资本更有效，还是民营管资本更有效。应该说，养老金在这两者之间更偏重民营一些。从历史观察，从国际比较看，国家管资本，而且管的量那么大，一般情况下效率是较低的，统计上也能够说明这一点。

二、划转中需考虑的问题

在划拨国有资本时，还需要考虑一些实际操作上的问题，以有利于划拨过程，以及划拨后的股本能够充分发挥效用。

第一，需要对养老金缺口作认真测算，明确划转的量应该有多大，以及如何分阶段划转划拨。现在划拨 10% 应该说只是一个开始。

第二，明确划转的方式是什么。是划拨给统筹，用于统筹目的？还是划拨以后能够填补个人账户的缺口，或者扩大个人账户所占的比重？如果都划拨给统筹，未来的体制还会对国家有很大的依赖性，而且国家在这方面管得过多，实际上既是一种负担，也是一种风险。法国的案例就是前车之鉴，最后不得不推行养老金改革，造成大众和政府之间的矛盾。

第三，明确划转的是什么。虽然我们有一些关键领域的国有企业总体来讲经营情况还算不错，但还是存在大量的国有亏损企业。国资委希望有盈利的国有企业能够支援一部分亏损的国有企业，使后者可以获得新的投资进行改造，未来能有前景脱困。这有点类似国家铁路公司不太愿意把未来有前景的铁路段让出去给私人投资，他们认为，需要平常投资投得好的路段去补贴亏损的路段，亏损的路段流量小、距离长、维护困难，同时还担任着一些特殊的运输任务，如党政报刊运输、粮食调运等，存在许多“用好补差”的理由。由此看来，划拨也是有相当难度的，特别是土地资产、矿产等。目前，主要是国有控股上市公司中国有控股那部分资本比较容易实现划拨。

第四，如何管理划转后的国有资本。国有资本划转成养老金以后，管理这些养老金的机构是一家还是几家？其间有没有竞争？如果有竞争，这些机构上进心可能会更强一些。但是，相互竞争也会有一些额外成本。

三、国有资本划转与国家资产负债表重组

2008 年国际金融危机期间，各国央行大量使用“资产负债表方式”这一危机应对办法，例如美联储运用资产负债表扩充法。而中国早在 2000 年初期大型金融机构改革时，就采用了国有资产负

债表方式，其他领域也有很多案例。运用央行和国家的资产负债表是值得重视和研究的一个题目。

运用国家资产负债表涉及的一个重要经验研究就是日本案例。日本经济在20世纪80年代末期、90年代初期的泡沫破裂以后，进入了一个和过往不同的阶段，有人认为这个阶段是“失去的10年”和“失去的20年”，也有人认为这实际上是资产负债表的修复过程，涉及国家资产负债表、金融机构资产负债表以及企业资产负债表的修复。从日本经验看，资产负债表的处理方式确实是一个非常有挑战性的课题，应该说既是宏观经济学又是微观经济学的一个重要组成部分。

国有资本划转涉及国家资产负债表重组。从国家资产负债表看，一方面，在负债端按目标模式来衡量，有养老金欠账；另一方面，在资产端又拥有很多国有资本。将国有资本划转社保相当于缩减国家资产负债表，也即在资产端和负债端分别划出一笔资金给养老金体系。这在管理体制上会造成哪些变化？对宏观经济运行、宏观政策框架、金融市场会有哪些影响？这当然是一个值得深入研究的重要课题。

第十一章

统筹的层级安排

我国的职工基本养老统筹起步时，层次比较低，大多从县级统筹起步，逐步提高到市级统筹和省级统筹。目前，中国的养老金多数是在省一级统筹经营管理，也有一些省份的养老金委托全国社保基金进行投资。随着部分省份的养老金统筹呈现入不敷出，2019年，国务院正式提出扩大养老金全国统筹，这实际上涉及现有体制的可持续性，以及养老金投资管理机构的市场竞争与经营效率的权衡问题。

养老金转向全国统筹并不容易。一是要改变原有路径和现行体制，存在道德风险，还需要论证养老金体系的长期可持续性。在中国这样一个大国，地区间发展不平衡，地方政府分“穷地方”和“富地方”，对于养老金有盈余的发达富裕地区来说，没有了“多缴多得”的激励机制，会损伤缴纳养老保险的积极性。而对于欠发达的穷地区而言，如果预期可以将养老金支付责任转嫁给中央政府，会强化其对中央政府的依赖心理。

二是国家财力条件是否具备。全国统筹，必然要求养老待遇人人平等，在地区发展不平衡的客观现实条件下，如果往低标准靠拢，则东部发达地区可能不同意，而如果往高标准靠拢，则国家财力负担不起。

三是进一步侵蚀地方财力，加剧地方财政困难。社科院国家资产负债表研究中心的数据显示，2017 年中央政府国债加地方政府显性债务占 GDP 的比重不高，仅为 37%，但地方隐性债务还有 45.3 万亿元，占当年 GDP 的 55.2%。如果这部分隐性债务与政府的显性债务加在一起，政府部门总的实际负债率超过 90%，很快会超过 100%。若以均等化为假设前提设计养老金制度，须把社保缴费、所得税等收入全部划归中央，这样地方财政将更加困难，进一步恶化地方债务问题。

因此，省级以下的养老金改革制度安排，可以让各个省自主决策，中央对各省，省对各市，统筹层级也可以适当多元化。比较而言，让地方更多负责的模式尊重地区经济发展水平差异较大的现实国情，对养老保险缴费及退休待遇领取存在地区差距给出改进和优化的压力，有利于增强养老金体系的改革动力，以维持长期可持续性。

党的十九届四中全会提出，要加快建立基本养老保险全国统筹制度，也首次提出，适当加强中央在养老保险方面的事权。理论上，一定程度的竞争会促进养老金经营管理机构提高投资回报，管理好的机构会对管理差的机构形成压力。如果只有一家管理机构，连对照比较都没有，会存在很大问题。但是，机构过多也会引发成本过度上升，从一些国家的情况看，完全依赖私人养老金管理机构，机构个数多，每个人都拥有选择用哪个机构的自由，私人管理机构大量打广告竞争，据有关统计，产生的费用接近养老金基金收益的 2%，这些消耗也会带来回报率损失。

此外，支付体系的发展也为养老金地方统筹和跨区域转移提供了条件。在我国传统的账户结算体系中，账户管理成本较高，难以建立“多对一”或“N 对 1”给付体系，导致在地方负责的养老金体系中，流动就业人口的养老金跨区域接续转移成为难题，流动就业人口往往不能满足各地的最低缴费年限，最后只能退保领回相当于个人工资 8% 的个人账户部分，损伤了这一群体的缴费积极性。

当前，我国的支付体系已高度发达，为建立“各省分散负责、跨省流动就业分段缴费、退休地累计发放养老金”的制度提供了基础。如果继续由地方政府更多负责养老金事务，需考虑允许跨区域就业的劳动力分段缴纳社保、分段计算养老金待遇，并降低分区域计算养老金待遇的最低年限要求，以便最大限度保障劳动力在国内统一市场自由流动的权利。

从国际经验看，美国、欧盟等大型经济体多实行财政联邦主义，俄罗斯、巴西、印度也都是联邦制，对我国具有较强的借鉴意义。财政联邦主义与政体无关，其核心是在维护统一大市场的前提下赋予地方政府财政自主权，增强地方财政的激励相容机制，充分利用地方政府的信息优势。地方财政基本上实现自我收支平衡，中央政府只进行少量的转移支付，以避免地方依赖心理和道德风险。

第十二章

通过"N对1"实现养老金可携带

劳动力市场的高度流动性，导致很多人可能一生会有多个工作岗位。特别是新生代和"90后"，在不同岗位上的切换次数大大增加。因此，养老金接续转移成为一个大问题。在关于统筹模式的争论中，这也是主张全国统筹的一个主要原因。但事实上，随着科技和支付的发展，如今已经完全可以通过技术实现不同地区、不同账户的"N对1"养老金支付。

一、中国从未实现过养老真正统筹

养老金改革对劳动力流动造成影响也是一个颇具中国特色的问题。首先，我们当初建立现收现付养老金体制的时候，情况就和苏联和东欧国家不太一样。当时的国力非常弱，财政也很弱，农村人口非常多，人口相对比较固定，实行户籍制。在这种情况下，我们的养老金从来没有真正高度统筹过。

养老金体制开始改革后，很多人把其理解成省级统筹，但实际上有很多省份并没有做到省内统筹。比如广东，如果做到省内统筹，珠三角、东莞那么多外来劳工，缴费当然就多，粤北粤西就会比较困难，在这种情况下，广东会认为存在很多平调方面的困难和道德风险，省内统筹并不现实。后来有不少省份实现了省级统筹，但中国并没有推行全国统筹，前几年黑龙江出现支大于收，处理方式实际上是向中央借钱，最后还需要自己还。所以，中国国家特别大，人口特别多，这个国情决定了我们的许多体制特点。

其次，过去劳动力流动性很低，但现在情况大不相同，劳动力流动性越来越强。从未来看，劳动力流动性会更强，并表现为两个方面：一是跨地区的流动；二是在不同的工作之间流动。一个劳动者可能当公务员几年，在国有企业工作几年，在私营企业工作几年，甚至包括待业和自由职业。这种趋势已经很明显，所以必须考虑这种新情况下的做法。

实际上，这个问题早在二三十年前就已提出，主要与农民工有关。当时在深圳、东莞这样的东部地区打工的农民工在当地缴了养老保险金（包括其他社保缴费），当他们离开去其他地方就业或返回家乡的时候，在原来就业地缴纳的养老保险金能否随身带走，或者带走一部分，就成了十分现实的问题。

当时的解决思路是可携带性。理论上，务工人员离开一个工作地，去另一个地方务工或者返乡不再外出务工后，应该带走他缴纳的养老金。但是，现实操作中的实际效果很差，因为不知道究竟应带走养老金的哪一部分，是带走 8% 个人缴费的部分，还是 20% 企业缴费的部分，或者其中的一部分？已被用作现收现付的部分如何处理？已投资的收益和增值部分如何处理？所有这些都是问题。外来务工人员和当地政府讨价还价难度较大，最后可带走的养老金金额实际上相当小。很多务工人员宁可多拿些实实在在的工资，而这又反过来会影响养老金的供款和可持续性。

二、支付系统已具备 “N 对 1” 条件

金融和电子支付的发展，提供了分布式养老金经营管理和支付的可能性，可携带性问题可以通过支付方式的改革来解决。依靠金融业信息技术发展，养老金以后可以实现“N 对 1”的支付体系。具体而言，一个人一生可能在 N 个地方的岗位上工作，在 N 地都

有养老金缴费和个人账户，N 地的退休制度可能略有差别，预筹资金的经营主体和投资也可能有所不同，但该人退休后，可以从 N 个账户对其进行养老金支付。过去，由于金融电子化程度不高且成本高，实行“N 对 1”支付会效率很低，搞那么多账户也很不经济。但随着信息技术的进步，成本已大大降低，“N 对 1”支付完全可以实现。这个过程中还提供了多地多种改革及过渡方案分别推行并允许试错的可能性。

从国际上看，已经存在一些“N 对 1”支付体系的案例。以中国人为例，近年来，中国在国际上越来越活跃，也有很多国人会在不同国际机构以及其他国家之间换工作，比如，有人在国际货币基金组织（IMF）工作过几年，又在国际清算银行（BIS）工作过几年；也有些在银行业工作的人，有时在国内工作，有时在海外分行工作，而在海外分行工作期间，预筹养老金个人账户是交到国外当地政府的，或者是交给当地养老金机构，此外还有年金之类的商业性养老保险。

这些中国的“国际人士”在退休以后，除了领取一部分国内的退休金以外，只要符合官方退休年龄，都可以领取其在海外不同国家、不同体制下工作时缴纳的那部分养老金。这部分养老金有投资经营回报，也可以在网上查到，领取者根据自己的工作年限、缴费额，计算领取到的回报是否正确。现在已经有不少国内的“国际人士”，其养老金有多个来源。

“N 对 1”支付体系的关键是透明度。事实上，要实现制度上的整合会非常困难，不同国家有各种不同的缴费比例，个人账户的经营状况也各自不同，同时，不同的国际机构、组织和各个国家都有各自的规定，有的规定如果工作时间太短，就不能支付养老金，有的规定只要工作一年，就可以支付养老金，有的规定时间要更长一点，在这种情况下，要做到全球统一是不可能的。基本上遵照各地的规定，不强求统一，保持透明、可查询就成为关键。

中国各省份之间的情况可能稍好一些，但实际上也是差异性非常大，未来分权程度也可能会扩大。即便是集中统一，也无法实现非常高的程度。因此，可以采用承认既定事实的做法，即保留多个账户。现在开一个账户的成本已经降到非常低，哪怕钱不多，也可以保留一个账户，单位可根据员工唯一的个人身份证，将养老金支付给这个账户。

养老金付款有两种方式：一种是一次性总付（lump-sum），即一到退休年龄，就把全部钱提走。这种付款方式有其风险，即领取者可能将养老金挪作他用，最后陷入贫困。另一种是把养老金按照保险公司提供的预期寿命，分段按月给付，或者按季给付、按年给付，这可以根据各个地方的不同规定来具体实施。一个人在退休的时候需要有一个单一的养老金汇集账户，同时在 N 个不同地方的养老金金融机构都有账户和记录，从而实现“N 对 1”支付。

当然，这里也有很多具体的细节问题，特别是针对工作很不稳定的人。但基本上，只要是以供款基准制的个人账户为基础，只需看账户中有没有缴费，如果有缴费，就可以领取。因此，携带性虽然存在很多技术性难题，但政策上完全存在可以选择的方案，技术上也有足够的保障能实现支付，不应将其视为影响养老金体制转轨的制度和技术障碍。

第十三章

养老基金的投资与资本市场

改革我国现行的养老金体制，除了要补养老金体制转轨的缺口外，还需要解决未来养老基金财务上不可持续的问题。2000 年中国正式进入老龄化社会以来，人口老龄化程度不断加深，2018 年 60 岁及以上老年人口占总人口的 17.9%；联合国的预测显示，到 2030 年60 岁及以上老年人口的比重可达25.1%，到2050 年将超过总人口的 35.1%，到 2070 年将达 36.3%。根据不同机构的预测，在 2035 年前后，中国养老基金的累积结余额将告罄。解决养老基金财务可持续问题已经刻不容缓，不但需要对现行体制进行改革，还需要尽快改革养老基金的投资管理机制，以实现养老基金的保值增值。

一、处理好竞争与效率的关系

养老基金的投资管理首先要处理好竞争与效率的关系。这就涉及目前大家在讨论的一个重要问题：我们的养老金管理机构是多了还是少了？

从国际经验角度看，新加坡只有中央公积金局一家管理机构，其建立时新加坡只有两百多万人口，现在也只有四五百万人口。智利选择了更私有化的办法，推行预筹个人账户，共有十几家养老金金融机构，每个参保人都可以自由选择投多少钱给哪一家金融机构经营。这个模式在信息上比较复杂，财务上也稍乱，不过技术上都可以解决。

在多家养老金机构经营的情况下，各家机构会寻求投资回报更好的方向，这种竞争压力使得各机构想方设法提高投资回报，以投资回报的历史业绩和未来愿景吸引投资人。但是，经营机构要打很多广告，这样也会造成不少额外开销；此外，私人养老金机构支付的工资也比较高，总体开销更高，会消耗掉一部分养老金。因此，即使多家机构竞争，机构总数也不能太多，太多的话成本高，也比较乱。

相较而言，只有一家养老金机构，其坏处是假如它有很多决策错误，且管理混乱，有诸多做得不对的地方，然而由于没有竞争者，也就没有对比，没有对比就没有压力，也没有人能够批评它。即使可以批评，也不一定有效，因为无法用脚投票。

当然，如前所述，多家也有多家的问题。所以，在“多家”和“一家”之间，可能还是要选择某种平衡，小的国家也许一家就可以，大国可能需要若干家才比较合适。

对中国来说，有历史路径的问题，因此不能简单论证是一家合适还是几家合适，抑或少数几家还是更多家合适。历史路径是关键，当前的状态是有一些省份已经实现省级统筹，由省级机构在经营养老金，也有几个省份拿出了部分资金交给全国社保基金代为经营。总体而言，对于中国这样一个大国，如果仅通过一家机构进行投资可能有其优势，但是万一出现投资失误，或者投资导向存在问题，无法实现最优投资绩效，那么，在这种情况下就没有优化改进的渠道。因此，投资主体的个数和所谓“地盘划分”，即不同的资金来源由谁投资的问题，是一个值得深入研究的议题。

二、投资需实现风险分担

养老金投资管理还涉及风险偏好，针对不同年龄段的养老金投资，基金管理人会在风险管理的把握上有所不同，需要通过未来实践来探索究竟怎样的风险水平比较适宜。

有建议提出，养老金不能投资于8%以下回报率的项目。然而，从实际情况看，有关投资回报率的主张不能主观性太强，毕竟，“高收益、高风险”是金融投资的客观规律。现实中，长期投资实现8%的回报率，并不是一件容易的事情。鉴于未来的长期经济前景及金融市场具有不确定性，特别是存在经济金融危机的不确定性，政府性机构也不可能确保长期较高的投资回报率，因此，投资回报的风险分担也是关系到养老金能否可持续的重要方面。

此外，不同支柱中预筹养老金的税费体系，也是中国未来需要解决的问题。

三、全球化和多元化投资

养老基金的全球化投资也是一个重要的政策选项。一些小国的养老基金一般都被允许在全球进行多元化投资，以摆脱限制在国内而缺乏高回报率投资项目的问题。全球分散化投资有利于提高回报、分散风险，是国际上通常采取的做法。最近，美国参议员马可・卢比奥递交了一份提案，提议禁止美国集体投资基金投资中国公司（主要指上市公司），特别是禁止养老金投资中国，这样的做法显然和全球多元化投资的方向背道而驰。

就我国而言，养老金能否进行全球化投资，既取决于我国资本账户的开放进程，也与国内资本市场的健康发展密切相关。对于养老基金，从长期投资的角度看，应将进行最佳的投资配置、获取最好的投资回报这一目标置于最高的优先级，其他目标，例如支持国有企业发展，鼓励国内某个行业发展，或者保证国内基础设施建设等，应排在投资回报这一最优先目标之后。允许全球化投资，即隐含了这样的政策含义，参与社保基金投资的基金，需要表现优秀，不仅在国内竞争中业绩优秀，还要在国际竞争中也相当优秀，才能被认为有竞争力。从这个意义上讲，允许全球化投资，就相当于明确了投资回报这一目标的优先度。

养老金投资海外，投向可以是红筹股或者中概股。国内人口众多，养老基金未来的规模也会比较大，在允许养老基金海外投资的情况下，对红筹股和中概股，包括其中的互联网公司这些国际上表现很好的公司，中国的养老金都可以参与投资。从资金需求的角度看，这些公司也会希望寻找好的投资者，也会看中国内养老基金的巨大投资能力，这是双向有利的。同时，红筹股和中概股“回归”国内市场可能也会成为未来趋势，因此，虽然没有必然联系，但中国养老基金投资红筹和互联网公司，以及这些公司的“回归”可以同步进行。

也有人提到，养老基金应多元化投资，例如可以和私募基金（PE）做更多的结合。从长期投资看，城镇化过程中涉及很多基础设施、公用设施的投资，这类投资的回报一般而言是合理和可靠的，私募基金也会参与这类投资，这时养老基金投资可以与私募基金有所结合。但私募基金也参与追求短期回报的其他投资，而养老基金还是寻求长期稳定回报，这就与养老基金投资的目标有所差异。因此，养老基金的投资标的和私募基金有一定重叠，但不会完全重合，两者的结合也是有条件、有边界的。

第十四章

如何看待改革中的多方博弈？

从经济学模型看，养老金体制改革属于“不同目标函数的多方博弈”问题。在改革中，参与主体包括中央政府、地方政府、企业、个人（分本地劳动力和外来劳动力），不同主体各有各的目标，行为表现会各不相同。因此，在改革过程中，统一思想、统一行动，从而把改革做得完美这样的局面只会出现在想象中；而在现实语境中，会充满各种各样的博弈。

第一，企业与职工的行为。在 2019 年降低社保缴费之前，基本制度是企业缴费率 20%，个人缴费率 8%。从企业看，20% 社保缴费支出是企业支付的劳动成本，但不是有效劳动报酬。因为这 20% 不进入个人账户，职工没有获得感，无法有效激励职工劳动。所以，企业主将其视为没有激励作用的一种额外成本，妨碍竞争力，一旦经济有困难，就会要求降低社保费率。在降费的情况下，政府的养老金支出，要么需从其他地方筹资，要么就得期待所谓“拉弗曲线”（即通过降低税费来实现未来经济增长，从而做大未来的税基和缴费基础）提高未来的养老金收入。然而，现实情况下，降费“激励”出来的增长，很可能弥补不上现收现付的缺口。

就职工来讲，他们并不会认为企业交的 20% 是给其个人的报酬，事实上也不关心。进入个人账户的 8% 能够看得见，受关心程度稍高一些。但是，因为现收现付体制下会挪用个人账户的资金，职工并不清楚个人账户这8%是否真实，也不清楚其经营回报情况如何，因此，企业为个人缴纳养老金的激励效果很难实现。

第二，企业和地方政府之间的博弈。企业利用自身拥有的雇佣人数、薪资水平等信息优势，通过各种手段瞒报应该上缴的社保费金额。另外，企业一旦遇到经营困难，就找地方政府“撒娇”，要求减轻社保缴费负担，以维持企业生存。

第三，中央政府和地方政府的行为。地方政府分“穷地方”和“富地方”。穷地方在社保缴费不够用的情况下，主要行为表现为伸手向中央政府要，吃“大锅饭”，因为不管吃得好不好，大锅饭总是优于没有饭吃，因此不断呼吁全国统筹。富地方的考虑则是与其征收后被平调其他地方使用，还不如少征收、藏富于民，至少对本地经济发展有好处。因此，养老金富余的地方觉得“小锅饭”比较好吃，和穷地方喜欢“大锅饭”、依靠中央政府明显不同。

从1993年最开始提统筹账户与个人账户相结合，到现在已经27年了。中央政府知道吃“大锅饭”会有很多问题，始终不愿轻易搞成全国统筹，但实际上慢慢地不得不“被迫”搞全国统筹。部分地区因产业陈旧、人口结构、年轻劳动力外流等原因出现养老金亏空后，中央政府给予非常严厉的批评，通过借钱的方式帮助地方支付养老金，并要求地方政府必须归还，但是过一段时间也发现，借钱确实无法解决问题，所以现在中央政府只好搞全国统筹。但改革近30年，中国的养老金从来没有真正全国统筹过，这里有路径依赖问题，如何建立最佳模式，还需要更深入地观察、计算和分析。

第四，省与省级以下政府的行为。事实上，在很多地方，省级统筹都还没有真正实现。例如珠三角，类似东莞这类外来务工人员多的地方，觉得统筹的道德风险太大，不敢也不愿和粤北、粤西这些地方一起搞省级统筹。省及省以下政府的关系和中央与各省之间的关系类似。

第五，地方政府和外来务工人员的行为。在地方各自管理养老金的情况下，外来务工人员在工作地缴纳养老金，给当地作了贡献，走的时候怎么办呢？应增强养老金的可携带性。根据降费前的养老金跨省接续转移办法，在20%+8%缴费中，20%不在个人账户，不能带走，职工仅可带走在个人账户的8%。地方政府的动机是尽量不给或者少给带走。因为现收现付，个人账户的8%其实已经用于当期支付养老金了，而且经营收益不透明，打工者也并不知道个人账户的经营收益如何。在这种情况下，地方政府话语权强得多，可以声称没有经营收益，甚至亏钱，导致个人账户的钱无法足额带走。此外，富地方与穷地方对外来务工人员养老金的携带问题，态度也不一样。

随着城镇化快速发展，农村养老问题日益突出。财政部提出“农民不能两头占”，要么放弃农村的宅基地、承包地的待遇，拿城里居民社保待遇；要么保留农村的待遇，不享受城里的待遇。但是，农民正式进城前，有些年轻人已经长期在城里打工。如果在城里打工过程中的社保缴款（含个人和统筹账户）不能足额携带，他们当然不能放弃农村那块养老待遇。结果，“农民不能两头占”说法占不了上风，最后农民还是“两头拿”。

在养老金改革中，以上不同角色之间的目标和利益不同，而博弈很可能导致并非最优状态的局面。从个人账户角度看，政府、企业都不太愿意真正做大做实个人账户，认为短期看对自己不利。地方政府不太愿意提高个人账户比例，当年从辽宁的8%开始，后来越来越低，降到5%，再到3%，最终不得已加大了统筹。地方政府由于需要各种调剂，也不愿加大个人账户透明度。从职工角度讲，钱没到个人账上，影响工作积极性。从企业角度看，进入统筹账户的缴费没有激励作用，对企业成本和竞争力产生负面影响。

从个人角度看，养老金个人账户的激励作用是一个变化函数，参保人对养老金的关注程度和时间轴关系密切，对20岁的人激励作用较低，随着年龄增长，对30岁、40岁、50岁的人激励作用逐渐增强。参保人对个人账户经营收益的关心也随着年龄增加而增长。因此，对于年轻人，名义账户是一个可选项，但需要高度透明，否则很难起到激励作用。

主管部门在不同年份、不同的人当领导的时候，想法也不尽相同。如果预计自己任内不出问题，或者过几年会调任其他地方，领导就不愿直面解决问题。同时，没有财政、金融共同参与，主管部门靠自身也无法解决养老金改革难题。

从国际经验看，更高层面的政治领导人可能会问一个问题：养老金体制不改革，未来是不是要出问题？答案可能是迟早要出问题。那么，下面的问题就是：问题出在谁任上？本届任期会不会出问题？对这些问题的不同态度和答案决定了国家的不同局面。全球很多国家过去都出现了养老金改革屡受拖延的问题，最近不得不解决问题的是法国和巴西。

采用“不同目标函数的多方博弈”分析框架来分析养老金改革，会发现不同人持不同观点非常正常，与各自的目标和立场有关，博弈各方相互作用、相互影响，属于“多部门优化模型”。从这个角度看，仅靠统一下命令，养老金这一多目标、跨部门、多领域而错综复杂的改革并不会因此迎刃而解。

对于一个负责任的经济学家而言，可能没有上述种种利益之羁绊。他也许会有立场，但是，其分析框架更为重要。“不同目标函数的多方博弈”分析框架有助于厘清各种变量之间的错综关系，看清全局，从而界定目标，最终设计出好的改革方案，勾画出改革路线图。显然，这并不是一件容易的事情。

第十五章

养老金改革的关联视角：医疗、住房与其他

在终生财务安全系统中，支柱 5 即最高级别的保障，不仅包括养老金制度和私人收入来源，还包括其他退休需求，例如住房和医疗。在老年的时候，个人财务可持续性问题确实和住房、医疗有关联，在较小程度上可能还和其他一些因素有一定的关联。

医疗体制和养老的关系

人总有一定的概率会生病，医疗体制就是按照大数定理，即有人生病、有人不生病，有一个保障体系为生病的人作支付。从现实情况看，人年轻的时候虽然也会生病，但花不了多少钱，随着人均寿命越来越长，大量医疗费用集中发生在老年，甚至发生在人生的最后一段时间里，因此医疗也具有一定的储备特征，也需要一定的预筹积累。如此一来，养老和医疗就有了一定的关系。

从医疗体制看，应当建立一种由个人和社会共同负担的付款机制。在这种模式下，最重要的是付款顺序，即在什么情况下，医药费完全由个人支付；在什么条件下，可以由社会保障支付；在什么特殊情况下，允许提前支取个人账户中的供款积累用于医疗费用。对此可以有多种设想：如生小病，首先由个人负担医疗费用；生大病，费用超过一定数额后，就可以从个人账户中支出，但又有限

额，超出部分可以用医疗保险的办法解决。可以单独建立个人账户医疗保障基金，也可以把它和养老金账户合建在一起；还可以利用再保险机制，如用个人账户中的一部分资金作为大病的医疗保险；等等。应当指出的是，不论采取什么具体办法，都要通过设定一层层的付款条件和付款顺序作出制度安排，最终形成一种机制，既能保持个人账户的激励，不鼓励小病大养，无病浪费，又能在碰到意外的大病时支付治病所需的医药费。

如果能建立起良好的医疗保障制度，且覆盖的疾病范围比较宽，就有可能在一定程度上缓解普通养老金方面的压力。因此，养老金体制和医保体制之间可以实现良性的相互作用。

住房和养老的关系

从住房的角度看，也有一定的类似性。老年人如果住房有保证的话，就不需要租房，甚至其住房会有助于“以房养老”。当然，“以房养老”中存在的一些欺诈现象，是另外一回事。从逻辑上讲，住房和养老这两者之间也可以形成良性的相互关系。

从购房的分期付款看，也涉及会不会在退休以后还要不断地支付房款，还是说退休的时候可以用一次性总付把住房问题全都解决，这样就不用再支付房款。同时，这也涉及税收处理的问题。

此外，2020 年初，国内曾掀起一阵是否需要取消住房公积金的讨论。其实住房公积金问题与养老金有些类似，二者都纳入了企业的成本，使企业感觉负担加大，竞争力减弱，盈利能力受损。不过，与养老金不同，住房公积金已放在个人账户中，所以拥护者认为，这实际上已是企业对劳动者报酬的一部分，并没有那么“坏”，可以改进完善。与此同时，尽管已放入个人账户，但又产生了另一个问题，即它在多大程度上可以和现金收入相媲美。显然，这要打折扣，而且这个折扣的大小取决于账户透明度如何，可自由使用度多大，等等。拥护者认为，可以通过提高账户透明度、增加其可使用的自主性和自由度，使企业更加感觉到这是支付劳动报酬的一部分。所以，从这两方面的争论看，住房公积金与养老金及其个人账户是很有联系而又有区别的。

新加坡的案例

新加坡公积金制度是将养老、医疗和住房联系在一起的典型案例。1968 年新加坡推出了特准购屋计划，根据该计划，公积金会员可动用公积金购买建屋发展局的政府组屋。具体而言，就是会员可以利用公积金普通账户内的全部存款，加上每月将缴纳的公积金款项，来购买自己的组屋。1981 年，对于那些不符合利用公积金购买政府组屋条件的人士，中央公积金局特别为他们制订了特准住宅产业计划，让会员运用公积金购买私人住宅，除了供自己居住外，也可当成一项投资，通过收租以增加收入。1984 年，新加坡中央公积金局成立了医药保健储蓄计划。在这一计划下，会员可以用他的公积金替自己或家人缴付医院开销。

总之，医疗和住房是在终生财务安全中含金量比较大的两项，对此也需作相关深入研究，以了解它们和养老金体制改革之间的相互作用，这也体现了一个经济系统中存在多个子系统，它们相互联系、相互作用，并最终形成整个系统的机理和过程。

附录一

社会保障和企业盈利能力

社会保障是非常重要的研究题目。国际经验表明，社会保障与资本市场的发展也有密切的关系，但在中国到现在为止，资本市场和社会保障实际上还没有发生任何关系。本文主要讨论企业绩效与社会保障体制选择间的关系，实际上是微观经济方面，即企业方面的情况。

首先，在中国可以听到关于现收现付制有很多争议。一部分人认为现收现付制有很多优点，至少操作起来比较简单，成本也比较低。另一部分人争议说，之所以现收现付制当前需要改革，主要是因为它不能适应人口老龄化的发展。但也有人说，现收现付制也不难适应人口老龄化，无非是把供款率提高若干个百分点就行了，不能说就无法适应老龄化。目前，已经开始有这样一种议论，在中国目前占工资总额24%的平均供款率是不够的，有一种建议是将其提高到32%。那么，我们来分析一下，从中国现在的企业数据看，到底对企业财务的平均状况有什么影响。

从制造业企业一般财务的平均状况看，在企业产品的出厂价中，平均约70%是中间投入品：原材料、能源、电力、交通等，产

---

* 本文根据周小川（时任中国证监会主席）在中国发展论坛（2000年8月22日）“中国社会保障制度改革专题研讨”所作发言的录音整理（略有删减）。原文发表于《经济社会体制比较》2000年第6期。

品的增加值（VA）是由劳动力和资本（包括设备）贡献的，平均占出厂价的30%左右。中国有17%的增值税（VAT），这17%的增值税折合出厂价的5.1%，即30%×17%＝5.1%，最后就得出了销售的价格。[①] 简言之，100元的产品，投入品占70元，增加值占30元，交增值税5.1元，销售价为105.1元（见图1）。

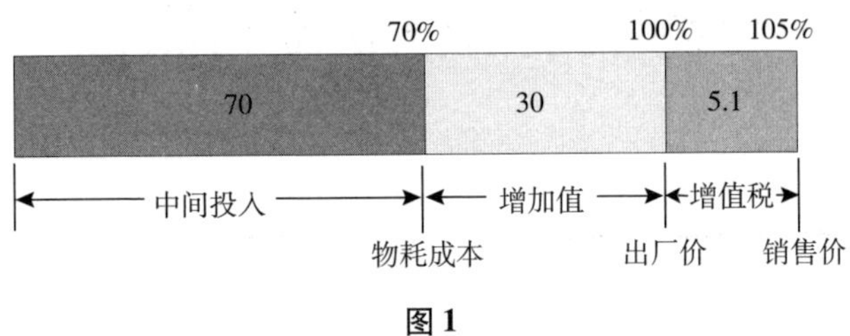

图1

我们把30元增加值部分再分解一下，从世界上许多国家看，在生产企业的增加值中，平均约70%是劳动力创造的增加值，30%左右是资本创造的增加值，当然，资本的报酬（其中包括利润）也包含在这30%之中。从另一个角度看，资本创造的增加值首先要覆盖资本的成本，资本的成本包括折旧和借贷资本的费用，以及各种损失准备。按图1对100元中的30元进行分解，21元是劳动成本，4元是资本成本，5元为利润（见图2）。为什么有5元的平均利润呢？我们可以从1998年、1999年《财富》世界500强的数据中看出，500强的销售利润率平均为5.6%和4.37%。

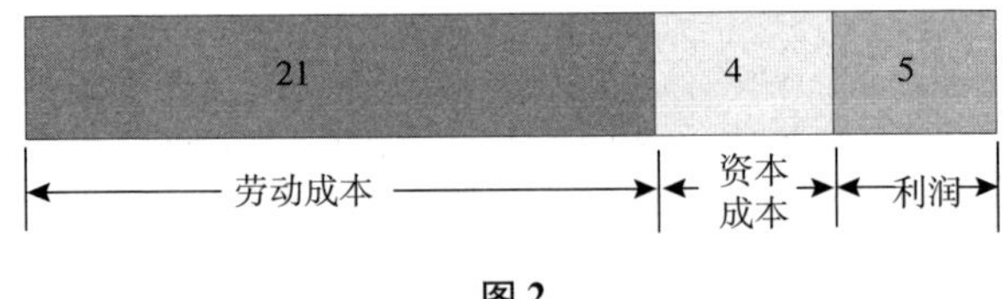

图2

又由于存在进口竞争，因此销售价是受到竞争制约的。国内

① 增值税的理论税基是企业的附加值，又由于我国实行生产型增值税，因此税基为100元中的30%的那部分。

劳动成本提高并不能通过提高售价转嫁给消费者。比如，社会保障负担增加导致劳动成本增加，是否可以转嫁给消费者？绝大多数情况下是不能转嫁的，因为除了国内有竞争以外还有进口品的竞争。因此，如果劳动成本增加了，就会使企业利润减少。上面这种简化的财务平均状况是一般制造行业的平均状况，而且是相当好的企业的平均财务状况，因为这里用的是世界500强的平均销售利润率。

现在来考察一下，如果劳动成本扩大10%，即我国从当前的社会保障供款率的24%增长到34%，企业绩效会有什么样的变化。图2中劳动成本是21%，加10%后变成23.1%，即每百元出厂价中占23.1元，资本成本是很难降低的，所以利润就会从每百元出厂价中的5元降到2.9元（见图3）。

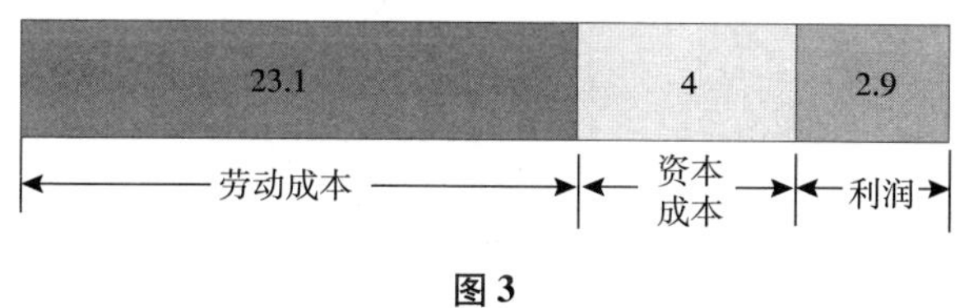

图3

假定企业增加值的利润率是正态分布的。请注意这个利润率概念是分子为企业利润，分母是企业增加值，如果用销售利润率就不太好分析，而用企业的增加值则易于与劳动成本的变化相联系。在图4中，正态分布阴影部分是过去的亏损企业，这部分面积说明了有多少亏损企业。如果劳动成本因社会保障供款而增加10%，就会使阴影部分由原来的盈利变成亏损。大家可以从面积上看出这是相当显著的部分。

对中国来说，情况会更严重一些，因为我们达不到100元出厂价中有5元的利润。根据1999年统计年鉴，工业企业销售利润率只有2.3%，如果劳动成本扩大10%的话，就意味着阴影部分在正态分布图中的面积会大得多，因为它是处于纵坐标值较高的状态。最后导致将近一半的企业亏损（见图5）。

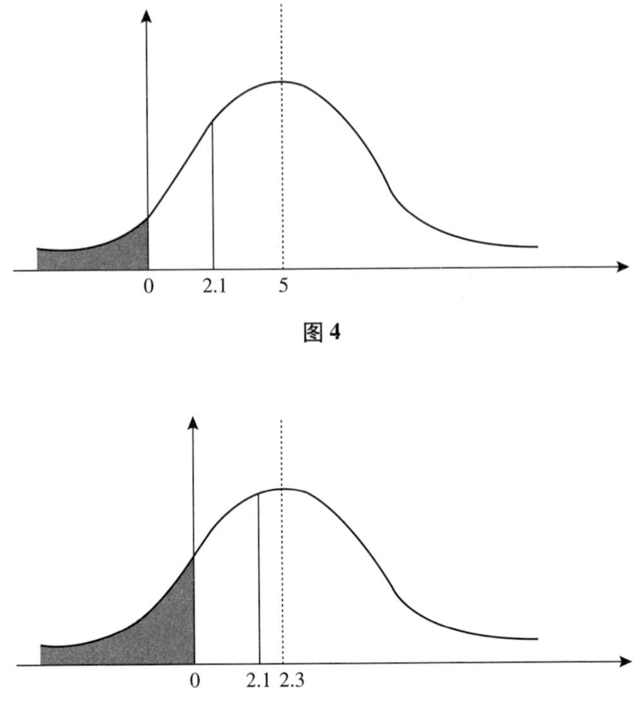

图 4

图 5

如果我们再看国有企业，也是根据 1999 年统计年鉴关于国有企业和国有控股企业的数据来看，情况更严峻一些，因为销售利润率仅有平均 1.5%。10% 的劳动成本扩大意味着一多半企业会进入亏损状态。

这种企业利润分布的数字到底是否有根据呢？我们可以从深沪交易所上市的 1 000 家企业披露的数据中作样本测试。最近上市公司正在作中期业绩报告，数据还是比较多的。有人用样本得出图 6 的分布。图 6 中横坐标不是销售利润率，而是净资产利润率。这个分布很像正态分布，但还有一点差别，它是左边大右边小，那么平均值会偏左边一点，峰值偏右边一点，表明亏损的企业偏多，超过峰值的盈利企业偏少。图 6 说明企业利润还是接近正态分布假设的。但是左边面积偏大，就说明如果劳动成本增加 10%，亏损面增加会更大、更明显。

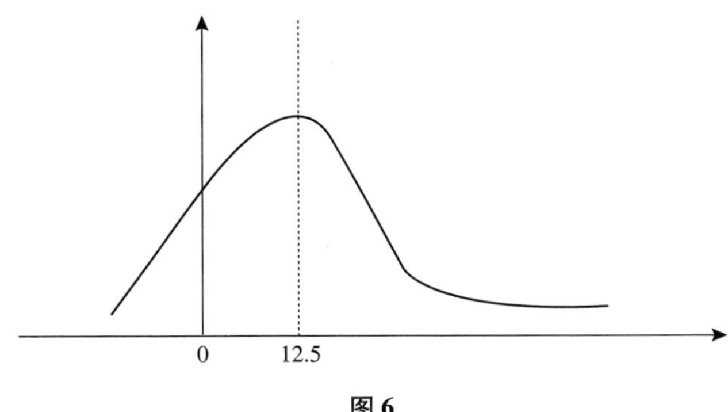

图 6

劳动密集型企业和资本密集型企业对社会保障供款率提高的反应也是不一样的。本来劳动密集型就是劳动工资在成本中占得多，因此，在劳动工资增加的情况下，对企业绩效的影响就更加突出。假如劳动密集型企业的劳动成本占产品出厂价的比重不是70%，而是80%（见图7）。当劳动成本增加10%时会看到，即使按较好的假设，也会使平均利润率从3.5%降到1.1%（见图8）。

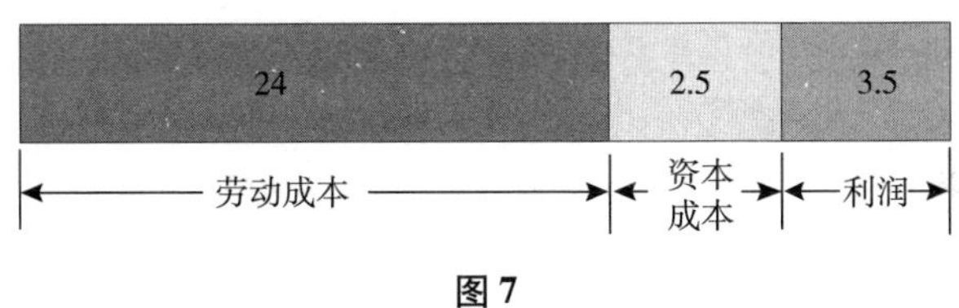

图 7

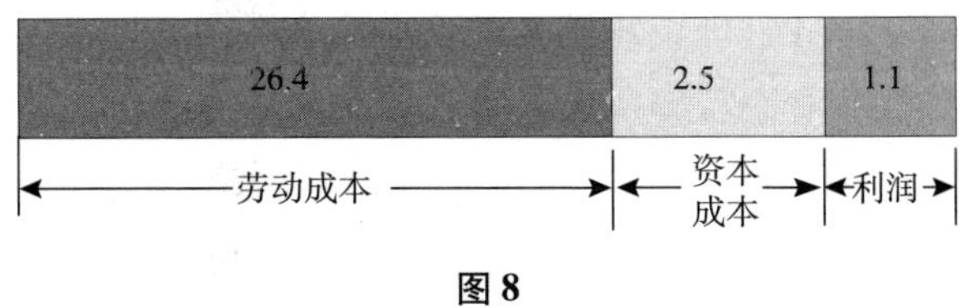

图 8

中国社会保障的另一个问题是乡镇企业，乡镇企业过去多数是劳动比较密集的，很多不缴纳社会保障供款，假如在不缴纳社会保障供款的情况下能正常存活，现在让它们缴纳社会保障供款，那么它们劳动成本不是增加 10%，而是一下子增加 24%！我们假定制造业中乡镇企业的财务情况是比较好的，如图 9 所示，现在要求缴纳工资总额的 24% 作为社会保障供款，劳动工资成本的增加就把利润全部挤掉了，要变成亏损，从而导致相当一部分乡镇企业实际上要关门（见图 10）。

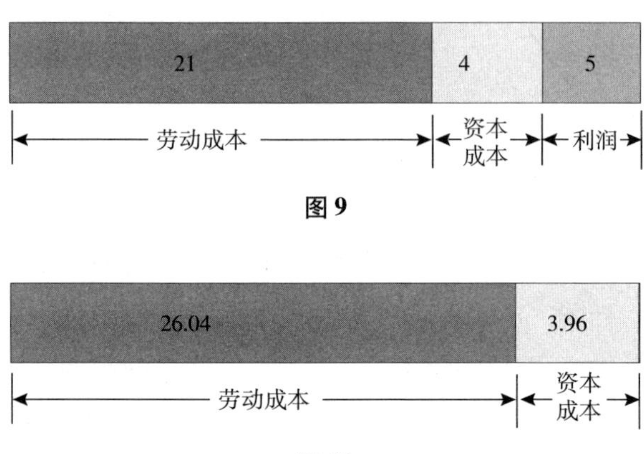

图 9

图 10

这个微观财务分析可能不是搞社会保障的同志特别关心的议题，但是国家经贸委这样的部门按理说应该非常关心。企业财务的平均状况除了与宏观经济的景气程度有关以外，国家经贸委还历来反对增加企业的额外负担，并通过多种努力帮助企业“扭亏为盈”。有的时候，为了银行贷款利率上调 0.5% 或下调 0.5%，都要争得脸红脖子粗，因为它们会对企业的盈利能力有影响。中国有句话说“捡了芝麻，丢了西瓜”，须知，社会保障负担肯定是企业财务中的“西瓜”。如果把社会保障因素忽略掉，由此导致的对企业盈利能力的影响远远大于在利率等一系列问题上的总和。如果社会保障供款悄然上升了 10%，可能所有“扭亏为盈”的努力就都白干了。

有专家很快就会提出争议，既然不管是用现收现付制，税收的办法，还是个人账户的办法，大家总是要用当前工资的一部分去养老，且不管是为谁的养老来支出。也就是说，这个成本实际上不管怎样企业都是要承担的，或者说企业通过对劳动力的支付都是要承担的。这部分成本支付出去后，对劳动者有可能产生激励作用，也可能没有激励作用。由于不同的办法对劳动者贡献的报酬效果是不一样的，因此对产出的激励作用也是不同的。比如，工资、奖金是有明显激励作用的；工薪预扣税则是国家拿走的，由于未直接落到个人头上，一般是没有激励作用的。如果社会保障采取建立个人账户的方式，企业和个人各拿出一部分放入个人账户中，只是本人支配的时间拖后了，就具有与工资奖金相类似的激励作用，当然它比工资奖金的激励作用在度量上要差一些。这部分资金如果被纳入统筹，由于不能直接落在个人头上，其激励作用会很小甚至没有。有专家讲的所谓 earmarked contribution，即标识到个人的供款率，其作用一方面是从管理的角度明确个人账户是谁的，另一方面每个人知道这部分是最终可以自己支配的。

从理论上讲，统筹的资金与每个人都有关联，个人能享有其中的一部分，但实际上这需要有一个制度的持续来保证劳动者的信心。比如说，企业出 8%、个人出 8% 建立统筹，退休后个人享有的福利与此基本相等，且每个公民都对此福利的实现确信无疑，这也是有激励作用的。但实际上这种制度的建立在体制转轨期是比较困难的，需要较长时间对制度的考验，方能树立信心。我国正处于转轨过程中，旧的体制在淡出，新的体制尚未建立，现实社会中养老金、医疗费的欠账问题很多，大家的信心明显不足。劳动者不会把统筹资金看作个人报酬或激励的一部分。

在市场经济中，劳动力是流动的，劳动就业是企业与个人双向选择且可讨价还价的，雇主根据你对企业贡献的大小来确定其支付的报酬，雇员根据个人的能力及报酬多少来衡量是否接受这份工作。如果雇主用 100 元雇某个人，但要拿出其中的 30 元上缴，从该劳动者的角度看，会认为是拿 70 元雇我，而不是拿 100 元来雇我，以此决定是否受雇。如果是拿 100 元雇人，同时把其中的 30 元以企业一半、个人一半的方式放入个人账户，该劳动者可能会认为是拿大约90多元来雇我（因为现金与个人账户中暂不许提取的资金毕竟有区别）。上述两种做法的不同，从劳动力市场和激励作用的角度出发，能看出对企业的竞争力会带来较大的差异。将30元放入个人账户，建立个人账户制度，如果能使账户的透明度很高，会增强人们对个人账户制度的信心。比如，个人可以随时查询，可选择基金经营者，立法上也有保证不会因政府的更迭而出现问题等，这使每个人会认为30元/月实实在在是个人的。如果账户不透明，查询困难，无法选择基金经营者，法规条例不健全，人们的信心就会打折扣，从激励作用的角度看，30元会被当作15元甚至10元来对待。因此，个人账户制度的建立，透明度要高、制度要有保障、受益人权利要明确、选择性要强，从而增强其激励作用。这不是要在社会保障基金建立初期增加其经营和运作难度，不是要政府作出没把握的承诺，而是透明度关系到信心和激励作用，关系到企业的劳动成本及其有效性。不能使个人账户供款成为企业额外附加的成本，有可能不属于个人而会被社会消耗掉。所以，养老保障的透明度特性带来的激励作用对劳动生产率的影响很大，反过来也对企业的财务状况产生一定影响。

中国是劳动力成本较低的国家，很多劳动密集型产品在出口中具有竞争力。如果没有处理好养老保障问题，企业账面上的劳动成本是100元，而劳动者感觉只获得70元报酬，因此只出70元的力，这实际上是企业在产品竞争力上承担了相当大的一块附加成本。这个问题最终会反映在汇率上，导致人民币需要相对贬值才能达到相应的竞争力。但汇率调整又有一系列代价，用人民币衡量的生产率等一系列影响国际竞争力的指标会发生变化，也会影响以美元衡量的中国经济发展速度。例如，用美元衡量的GDP翻两番问题，如果增长期间上述问题使劳动成本上升25%、导致汇率下降25%，以人民币衡量的翻两番如用美元来算就只是翻了一番半。

总之，从企业财务的角度出发应能得出若干有启发的分析和看法。

附录二

社会保障：经济分析与体制建议

一、问题的提出

在建立和发展社会主义市场经济的过程中，重建我国的社会保障体制已经日益成为人们关注的问题。而且由于人们提出和研究这一问题的侧重点和角度不同，对于应当如何重建社会保障体制的看法也不尽相同。大致说来，主要有以下几种分析。

1. 从企业改革出发，提出和研究社会保障体制问题

我国原有的社会保障体系的特点之一是：在城镇主要以企业作为实施社会保障和社会福利的主体，企业承担了繁重的保障任务。保障的对象，不仅包括本企业的职工，还要包括职工的家属。保障的内容，以劳动保险和职工福利为主干，包括了从生老病死伤残保障到衣食住行玩的种种福利项目。而且企业通常不仅要提供保障资金，还要提供大量的直接服务。我国大中型企业的社会福利设施总和远远超过地方政府在社区内设立的社会福利设施。

上述这种保障体制是在特定的历史条件下发展演变而成的。新中国成立之初，我们首先建立了与国有大工业相联系的劳动保险制度，以后又逐渐扩展到商贸等行业（农村社会则一直是以家庭保障

* 原文载于《改革》1994 年第 3 期、第 4 期，合作作者为王林。

作为主要保障形式），并采取了社会统一的保险基金的征集、管理和调剂使用制度，即由企业按工资总额的一定比例提取劳动保险基金，统一调配使用。由于“文化大革命”期间劳动保险事业受到破坏，同时国家的财政能力下降，所以从 1969 年开始，企业不再按工资总额的一定比例提取劳动保险基金，而是把退休金、疾病医疗和其他劳动保险津贴一律改为由企业营业外列支。这样，社会保障便在很大程度上演变成了企业保障。

这种由企业办保障、办福利乃至办社会的体制在实践中已经暴露出很多弊端，而且是与我们进行经济改革和企业改革的总体目标相背离的，正在阻碍新体制的建立。

第一，从企业发展看，企业保障导致了新老企业之间的苦乐不均、负担畸重畸轻的问题。我国众多的老企业，一方面产品老化，而且无力更新产品投资，企业经营效益差，因而无更多余力负担企业保障；另一方面老企业中退休职工众多，退休金和医药费支出负担又非常沉重，这反过来又加剧了这些企业的资金紧张。正是这两方面原因的相互作用，使得这些企业日益陷入困境而难以自拔。相反，一些新企业，本就属于朝阳产业，加之职工年龄结构轻，退休职工寥寥，退休金微乎其微，企业负担轻，职工福利甚丰。

第二，从企业性质的转变看，在传统体制下，政府作为资源配置的中心，包揽了那些本应由企业和市场完成的交易活动，而企业则成为集多种功能于一身的小社会，不仅承担着生产功能和社会管理功能，而且承担着社会保障和社会福利的功能。在新的经济体制中，企业是以生产经营管理为主要职能，以某种生产经营管理目标，如利润最大化或企业长期发展作为主要目标，因此，必然要求把那些原有的内在不经济的职能外在化，即把企业的社会保障和社会福利功能转移出去。事实上，改革的实践已经表明，只要企业承担着大量的社会保障和社会福利的负担，便难以成为真正的经济实体。

第三，从建立企业破产机制看，在市场经济中，企业之间的竞争，优胜劣汰，乃至企业破产，都是实现资源优化配置的必要条件。如果由企业承担对职工的保障，那么一旦企业破产，该企业职工的保障又应当由谁负责呢？这正是目前我们在企业改革中面临的一个无法回避的尖锐问题。而如果在破产企业的清盘程序中首先提出职工安置费用，从破产法来讲这一概念是很难成立的，而且也不具有产权制度上的合理性。

第四，从建立劳动力流动机制看，企业根据生产需要实行劳动力的优化组合，包括解聘辞退职工，这本来是实现生产要素合理配置的正常之举，但在现实中却难以做到。因为这些职工一旦离开企业，他们的基本生活来源、福利和保障也就随之丧失，从而成为严重的社会问题。

2. 从改善财政状况出发，提出和研究社会保障体制问题

在我国现行的社会保障体制中，社会保障资金主要有两个来源：国家机关事业单位的保障资金由国家财政拨款，企业单位的保障资金由企业营业外列支；干部和职工个人没有任何个人支付用作预筹积累。在这种支付结构中，单位支出的社会保障资金越多，个人获益越大，因此，在缺乏支出约束机制的条件下，就很容易形成单位之间相互攀比、高保障、高福利的倾向。其结果，或者直接加大财政支出，或者直接减少企业收入，从而间接地减少财政收入。这便从两个方面进一步加剧了财政紧张状况。同时考虑到，在改革的过程中还会增加一些新的社会保障项目，如失业救济，又会增加社会保障资金的支出，从而进一步加大财政负担。因此，对现行的社会保障体制中的支付结构进行改革，把个人收入的一部分以预筹方式纳入社会保障资金，便成为一种改革设想。

3. 从建立社会安全体系出发，提出和研究社会保障体制问题

从目前看，在建立和发展社会主义市场经济的过程中，我国社会正在经历一场深刻的变革，特别是经济结构和利益结构的重组有可能产生种种社会震荡，因此需要社会安全体系适应这种变革时期的要求，发挥稳定社会的作用。从表面上看，稳妥地解决诸如由于企业破产引起的职工失业、由于工资结构调整以及通货膨胀引起的离退休职工生活水平下降等问题，似乎是出于政治性的目的，考虑的侧重点是为了保持社会稳定。然而，就其实质而言，它反映了社会成员要求保障其基本生存条件，进而获得社会安全感的合理要求。改革只有顺应这种要求，才能得到人民的拥护，也才能顺利地推进。因此，根据改革时期可能发生的某些不稳定因素以及可能引起社会成员生活困难的问题，重建社会保障体制就十分必要和迫切了。

4. 从社会公平出发，提出和研究社会保障体制问题

从社会公平的角度分析我国现行的社会保障体制，实际上存在很多问题。

第一，我国的社会保障体制是建立在城乡隔离基础之上的，城市中的大多数居民享有相对较高程度的社会保障，而农村则以传统的家庭保障为主。从我国经济发展水平看，完全拉平这种差距是不可取和不现实的，但差异过大也是社会不公平的一种表现。

第二，我国城市中的社会保障水平是以所有制划线的，国有企事业单位的职工享有较高和较全面的保障，集体企业和单位的职工享受的社会保障则要相对低一等，其他个体工商业者则基本不享受社会保障。这种以所有制为线的社会保障的待遇差别从社会公平角度看确实失之公允。

第三，国有企业实行的社会保障实际上是一种平均主义色彩较重的体制，它缺乏激励机制，对积极努力工作的职工和完全不努力工作的职工不能实行有差别的政策，表现出另一种形式的不公平。

第四，从社会公平出发，我们尤其需要关注隔代人之间的再分配问题。社会保障实质上反映了国民收入再分配的关系，而这种再分配关系中包括了代际交换的关系，从而涉及隔代人之间的再分配问题。如果处理不当，便有可能出现一代人得不到他们应当享受到的社会保障，而另一代人过度享用了别代人积累的财富。在制度变迁的过程中和通货膨胀的条件下特别容易出现这类问题，例如苏联的情况就很典型。我们目前实际上也处在类似的条件下，面临着同样的问题。当然，这样的问题涉及政治上的利弊权衡。但不论怎样，从社会公平的角度出发，应当尽量降低隔代人之间的收入分配上的不公平程度，使人们能够根据自己的贡献享受应有的社会保障。

第五，从我国将会发生的严重老龄化的现实情况出发，未来的社会保障中隔代人之间的分配问题还有可能出现另一类情况，即在老龄化高峰时工作的一代青年人可能要在现收现付的社会保障体制下赡养过多的老年人，从而损伤劳动者的积极性。

根据世界银行在 1984 年对中国人口和年龄结构进行的预测，老年人口（60 岁及 60 岁以上人口）占总人口的比重，2000 年将为 12.7%，2040 年将为 36.6%，这就是说，届时，每 10 个人中将有 3 个退休人员，世界上还没有哪一个国家的老年依赖性人口达到这么高的比例。同时，由于老年人口是医疗保健部门的主要消费者，人口老龄化还会造成医疗费用的迅速增长。在这种形势下，如果我们继续按照目前采取的现收现付的方式支付退休金和医疗费用，那么，退休金和医疗费用的支出在国民收入支出中所占的比重将越来越大，这就意味着将会产生另一个方向上严重的隔代人之间的收入分配和激励问题。

以上诸方面的分析都提出了对我国社会保障制度进行改革的迫切要求，但是由于这些分析的角度不同，要求改革的侧重点也就有所不同。特别是，由于我国现行的社会保障是实行归口管理的，因此，地区之间、部门之间对于如何进行改革，对于重建我国社会保障制度的目标，便有许多不同的看法。我们认为，社会保障体制是一个典型的长期动态系统和服务于多目标的系统。因此必须从多个方面思考我国未来社会保障体制的选择。重建我国社会保障制度的目标也是多元的，大致可以概括为：应当根据建立和发展市场经济的需要，重新构建我国的社会保障体制。这一体制应当保证社会成员在不同情况下（如年老、疾病、伤残等）能够得到适当的经济保障，从而保证社会安全和社会稳定；这一体制中承担社会安全责任的主体不应是企业，从而为企业破产和劳动力流动创造必要的前提条件；这一体制应当能够体现社会公正，改变以单位的所有制性质划线的受益标准，缩小城乡之间的体制差距，防止发生隔代人之间的分配不公；这一体制应当具有激励机制，鼓励人们努力工作，乐于积累，从而有利于经济的长期发展。

二、国际经验的比较与借鉴

第二次世界大战后，社会保障制度在世界范围内获得了普遍发展，许多发达国家和发展中国家都建立了具有自己特点的社会保障制度。研究它们在这几十年来发展社会保障事业中的经验和教训，对我国社会保障制度的改革是有借鉴意义的。

1. 欧洲的福利国家

第二次世界大战以后，欧美各国经历了近 20 年的经济持续高速增长，同时，社会民主党在一些国家连续执政，福利国家理论和社会观念广泛流行，后凯恩斯主义经济学成为一些执政党制定经济政策的理论依据。正是在上述种种经济、政治和思想的基础之上，形成了欧洲福利国家式的社会保障模式。

这一模式的基本特点是以国家为主体，以高税收为基础，对社会成员普遍实行高水平的社会保障。例如，实行国民保障制度，原则上本国全体居民和外国居民均可享受医疗保险，由国家医疗机构免费供应医药和治疗；对所有老年人实行普遍保险；实行多种失业保险制度；等等。

应当承认，欧洲式的社会保障制度是在欧洲特定的历史条件下形成的，它对于推动社会进步和经济增长也起过积极作用。但同时，这一模式在其发展过程中也逐渐暴露出不少弊端，其中的经验教训值得我们研究借鉴。

首先，社会保障体系提供的保障水平应当与经济发展水平相适应。当社会经济发展到一定阶段时，客观上要求建立与经济能力相匹配的社会保障制度，同时要注意公平与激励之间的平衡，以及综合国力能否持续支撑特定的保障水准。欧洲国家在第二次世界大战后实行的社会保障实质上是建立在较高的人均国民生产总值（GNP）和连续的高速增长基础之上的。正是在经济丰裕和经济高速增长的支持下，就业相对充分，税收增长较快，高水准社会保障也普遍受到正面肯定。但是在整个20世纪60年代和70年代初期，西欧国家的社会福利费用持续增长，1965—1970年，每年平均增长11.6%，1970—1975年，年均增长率达15.3%。社会保障费用在GDP中所占的比重从60年代的20%，上升到70年代的30%左右。1970年欧洲共同体九国的社会保障费用平均占GDP的19%，1975年上升到24.4%，西欧各国社会保障开支的增长速度普遍超过本国同期经济增长率。1975—1981年，这一比例虽有明显下降，但多数国家仍高于本国的经济增长率。正是西欧若干国家社会保障的水准超过了经济上可支持的能力，使其社会保障呈现为过重的财务负担。同时，由于国民收入中越来越大的部分用于社会保障，其中相当大的部分用于消费，用于积累的资源相对缩小，经济发展基础受到损害。此外，过高的保障水准降低了对劳动和私人积累的激励，从而削弱了经济增长的动力。当欧洲经济进入低增长阶段时，其社会保障受到了批评性和反省性的评价。

其次，第二次世界大战后西欧各国政府在社会保障制度中全面承担了增进社会成员普遍福利的责任，这对推动社会保障制度的发展起了重要作用。关于国家究竟应在社会保障体系中起多大的作用，也是存在疑问的。其一，社会经济资源中有越来越大的份额落入政府手中，由政府直接支配，是否会削弱市场机制的作用；其二，国家全面包揽社会成员保障项目，是否使一部分人滋长了依赖国家、靠社会保障过日子的心理和懒惰行为；其三，社会保障和社会福利的扩大，培育起庞大的福利机构，是否滋生了浪费大、效率低和官僚主义等问题。

最后，西欧国家社会保障资金的来源主要是税收，有三种类型：（1）社会保障资金来源于非目的性的各种直接税和间接税；（2）社会保障资金来源于目的税，一般是工薪税或社会保险税；（3）介于上述两者之间。此外，国家财政补贴也是社会保障资金的来源，但是财政补贴说到底也是来自税收。第二次世界大战后随着欧洲各国社会保障水平的不断提高，国家财政收入中的税收收入在 GDP 中的比重不断提高。例如，1965—1984 年，瑞典从 35.7% 上升为 50.6%，丹麦从 29.4% 上升为 47.3%，英国从 30.6% 上升为 38.6%，法国从 35.0% 上升为 45.5%。一些国家的个人所得税的边际税率非常高，例如瑞典高达 80%。实行这种以高税率为基础的高保障，虽然具有一定的收入再分配效应，有利于缩小贫富差距和增强社会安定，但是高税收同时也会提高企业的成本，资本收益率下降。同时，个人所得税的边际税率过高，还会损害积极工作从而获得高收入的那部分人的工作积极性。

2. 新加坡的公积金制度①

20 世纪 70 年代以来，一些亚洲国家经济起飞，成为新兴工业国，并随经济发展逐步建立了与欧美不同的社会保障制度。其中，新加坡的中央公积金制度别具特色，并取得了显著的成效。这种经验对于发展中国家可能更有借鉴意义。

---

① 关于新加坡公积金制度更全面的介绍及最新进展，请参见附录三。

值得我们深入探究的，是新加坡在设计公积金制度和政策时依据的经济思想。当时，新加坡正处于经济发展初期，他们对这一特定条件的社会保障问题有比较全面的考虑。(1) 在经济不够发达的阶段，国家还没有能力提供高水平的社会保障，因此实行自存自用、自我保障的政策，而国家则充当组织者，并给予适当的优惠鼓励。(2) 十分重视储蓄在经济增长以及社会保障中的作用，公积金制度实际上是以强制性储蓄进行社会保障资金的积累，同时也为经济增长提供了重要资金来源。(3) 非常注意在满足居民基本需要和维持工作激励之间作出精细的政策选择，在住房、医疗、教育等方面，都试图使人们感到既有保障，又有差别，以保持上进的激励，避免西方福利国家吃“大锅饭”的弊病。正是由于新加坡在公积金制度的改革设计时有正确的指导思想，这一制度的设计才比较成功。

第一，公积金制度的保障功能。新加坡的中央公积金制度要求雇员和雇主每月按雇员月薪的一定比例缴纳公积金，存入雇员户下，由公积金局统一管理。

这一保障制度的主要特点在于：

(1) 这是一种通过强制性储蓄来实行的职工对其本人退休养老的自我保障制度，即自存自用而不作保险的制度。

(2) 以自存自用为基础，在积累逐渐充裕的条件下，逐步、审慎地发展一部分保险功能。

在20世纪60年代，55岁以上的退休会员可取出公积金存款（自存自用性质）。

从20世纪60年代开始，忽然死亡或终身伤残，可取出公积金存款（自存自用性质）。

从1960年起实行特准购屋计划，允许会员用已存的和未来的公积金存款购置建屋发展局提供的普通公寓房（自存自用及购屋贷款性质）。

1975年开始实行中等入息公寓计划，用于收入中等以上的会员用公积金存款购买较高档的公寓（自存自用性质）。

从1978年起，会员可用公积金存款购买新加坡公共汽车公司的股票，从而得到便宜的车票（自存自用性质）。

1981年开始实行了特准住宅产业计划，会员可用公积金存款购置高级的私人房产，用于自住或出租（自存自用性质）。

1982年开始实行家庭保障保险计划，严格地讲，这是指家庭住房的分期付款的保险。会员在购买建屋发展局的公寓时，允许用未来的公积金存款分期付款。在未付清之前如发生死亡或终身残疾而无力再支付时，该保险能使会员家庭免于再支付而占有公寓房产权（保险性质）。

从1984年起开始实行医药保健储蓄计划，用于会员本人和其赡养人口的医疗。对于在私人医院的开支没有上限（自存自用性质）。

1986年起推行了两项投资计划，会员可动用存款购置或投资于非住宅房产，以及批准项下投资于股票、债券、信托基金和黄金（自存自用性质）。

1987年4月起实行可支援父母最低存款额的做法，会员可运用自己的公积金存款补足其父母最低存款不足的部分。

1989年开始实行“优秀学生学费支付”计划。把公积金的用途扩大到教育方面，对成绩优秀而财力不足的学生，允许使用家庭公积金支付学费上重点学校。这个新项目仍是家庭范围内自存自用的性质，但允许提前使用。

1990年实行“健保双全计划”。对大病、大手术作保险，即超过自存部分的支出由公积金局用保险方式支付。

第二，公积金制度的储蓄积累功能。由于公积金制度采取的是预筹资金的筹资方式，因此具有很强的储蓄积累功能。推行公积金制以后，储蓄率迅速上升，1960年新加坡的储蓄率为－2.4%，而目前则居于世界首位，1984 年为 42%，1988 年为 41.9%。

第三，公积金制度的激励机制。新加坡在政策制定上，有意在各个环节上安排有差别的待遇，医疗、教育、住房等都有不同的档次待遇，多赚、多存才能多受益，防止了吃“大锅饭”和平均主义的问题，提供了很强的激励机制。职工为了获得可靠的保障，就要努力工作，争取更多的收入，从而在个人账户中积累得更多。

3. 智利的社会保障体制改革①

20 世纪 70 年代以前，智利的社会保障体制是按照不同行业和不同职位采取区别对待的一种受益体系，不同部门有不同的受益结构和受益水平。其主要问题是：由于政治因素可以决定受益水平，而从政治角度出发，人们总是倾向于用短期能筹措到的资金来提高受益水平，因此曾导致相当高的供款率，1975 年包括健康保险在内的供款率高达 51%~59%。政府对健康、退休金财政补贴以及对政府雇员的供款，加起来占财政预算总支出的 20.5%。同时，受益水平过分依赖于财政状况，因此十分脆弱。此外，受益规则的设计也缺乏激励机制，多重官僚机构更造成效率低下。

20 世纪 70 年代，智利开始计划设计新的社会保障体制，随后，在建立了一定的财政结余储备的情况下，于 1981 年开始进行改革。

智利社会保障体制改革的核心内容是实行强制性储蓄，建立个人账户，把强制性储蓄的功能私人化，并结合指数化年金市场，把储蓄积累转换为退休者的养老收入。其具体环节是：

政府强制性地规定各个公营和私营单位的所有从业人员都必须参加养老保险，每月从每个职工的工资中扣除 10%，将这些钱存入每个职工的个人账户，从而构成养老基金的资金来源。

基金交由经国家批准成立的大约 20 个私人养老基金管理公司

① 关于智利社会保障体制更全面的介绍以及最新进展，请参见附录五。

（AFP）管理。每个公司只管理一个基金，负责基金的运营，并将基金运营的收入全部分配到个人账户中。养老保险还可以附加其他内容，如工伤保险和家属保险，这需要另外签订合同。养老基金管理公司的管理费用（成本 + 盈利）取决于各个公司之间的竞争。

职工可以自由选择加入任何一家养老基金管理公司，还可以中途转换公司。养老金的多少取决于投保人存款的数额，以及这些基金在资本化的过程中增值多少。如果就业者到退休年龄时尚未交足养老保险规定的最低限额，只要他在某个养老保险机构中投保已满 20 年，不足部分就由国家给予补齐。当职工退休可以成为养老金受益者时，他们可以选择分阶段地使用个人账户中的积累，也可以选择年金形式。

国家对养老基金管理公司的运营活动进行严格监督，具体工作由劳工部负责。国家要监督各养老基金管理公司中的资金流向、贷款发放、投资内容、投资方向，控制各证券的发行，以尽量减少基金运营的风险，保障劳动者的利益。

从老体制过渡到新体制采取了政府债券的方式，即对那些在旧的保障体制下已经工作了若干年而今后又将在新的保障体制下工作的人们，由政府发给他们“认账债券”，债券的数额可根据他们以往工作年限所做的贡献测算，相当于他们应得的份额。

智利进行社会保障体制改革的上述经验，为我们提供了如何从一种社会保障体制转换为另一种社会保障体制的实证经验。

三、社会保障体制类型的概念与区分

社会保障体制的研究在经济学和管理学中是一个薄弱环节，一些基本概念也比较混乱，讨论和交流中存在沟通上的困难。从我国的情况看，以往社会保障体系的构成及其概念实际上是根据部门划分的。现在根据党的十四届三中全会的《关于建立社会主义市场经济体制若干问题的决定》，对社会保障体系问题有了新的认识，包括要按照社会保障的不同类型确定其资金来源和保障方式，并第一次提出了建立个人账户的概念。

那么，从经济分析看，社会保障体制可以划分为哪些基本类型？对于不同类型的社会保障体制可以作出哪些基本的理论概括？

（一）供款基准制

供款基准制意味着保障措施对具体受益人的提供取决于（或主要取决于）该受益人过去在保障体系中的资金贡献量（供款量），其基本特征之一在于，它是采用预筹积累的方式筹集资金的。其原则是，先积累后受益；而且资金积累的过程不是一次完成的，是要在若干年的时间里，按照一定的缴费比例规定，逐月逐年地缴费累积而成；同时，资金积累不是静态的，而是要不断地把上缴资金汇集起来，用于投资，创造新的利润，从而实现保值并形成更多的资金积累。这种预筹积累方式的主要优点在于，它能够保证社会保障有可靠的资金来源，不会发生寅吃卯粮的问题。

供款基准制的另一个基本特征是，它强调谁出资积累，谁受益；受益的多少取决于积累数量的多少；其具体方法是采取个人账户。这一方式的主要特点在于，它在社会保障体制中引入了激励机制，由于个人账户产权界定清晰，因而可以调动人们进行积累和工作的积极性，避免吃“大锅饭”的弊病。

在供款基准制中还可以作更细的划分，例如可以依据组织管理者的性质划分为两类不同的做法：

一种是由公众机构进行组织管理的做法。这种类型以新加坡为典型，他们实施社会保障的各个环节都是由公共机构中央公积金局负责的。其前提条件是新加坡人口少，没有很深的自由市场经济的历史传统，国家及公共机构比较廉洁和有效率。

另一种是由私人性质的机构进行自由管理的做法。美国的养老基金就属于这种类型，他们基本上是由私人机构制定规则和组织运营的。其前提条件是美国具有很强的自由市场经济的历史传统，资本市场比较发达，消费者自主选择的意识很强。

然而，更进一步的分析表明，上面的两种类别也并非十分明确的划分。我们可以把实施社会保障的过程分为几个环节，如制定规则、管理信息系统（包括个人账户的管理）、投资及其回收，以及收益分配，而在上述每一个环节上，都可以有不同的做法，这几种不同的做法还可以有多种搭配组合，由此便可以形成更多的细分类别。

第一，规则的制定。实行供款基准制，具体的规则是由公共机构制定，还是由私人机构制定并允许相互竞争，这是可以选择的。例如，供款占收入的比例，雇员与雇主（或机构）的比例，在分配方面遇到养老金提取的条件、标准，积累多了是否允许移作他用，在多大程度上允许交叉使用等，这些都是不同的，也是可以选择的。

第二，信息系统的管理。采用个人账户的方式进行预筹积累，必然会产生大量的信息，需要管理庞大的信息系统。这一信息系统的管理既可以由公共机构负责，也可以由私人机构竞争性地承担。例如，新加坡由于人口少，建立个人账户的信息系统相对也比较小，所以可由中央公积金局实行计算机化管理，从实际情况看，他们的管理也是比较有效率的。但是，如果是一个人口众多的国家，建立个人账户将会形成一个极为庞大的信息系统，如何进行信息系统的管理就需要从管理科学的角度提出合理的方案。在这种情况下，可能就不适于采用由一个公共机构进行集中管理的方式，而宜于实行多层次的分散式管理，因而就产生了是否应由私人机构进行管理的问题。当然，由私人机构进行信息系统管理会产生一些新的问题，例如效率问题和争端的裁决等问题。

第三，投资及其回收。采用预筹积累方式要求不断地把资金用于投资，而进行投资活动也可以有两种方式，像新加坡是由公积金局这一公共机构来负责投资活动，而在另一些具有很强的市场经济传统的国家，人们并不倾向于由公共机构来负责投资，他们更愿意相信私人投资机构的投资效率，倾向于由私人机构进行投资。投资涉及几个方面的问题：一是要计算并承担投资风险，二是要追求较高的投资回报率，三是要依据出资者的偏好组成不同的投资组合，四是要对不同的投资进行相应的管理并实现回报。要正确地选择投资活动的组织形式就要根据这些方面的特性及要求作出利弊权衡。

实际上，这几个环节中不同的做法还可以有不同的搭配组合。例如，由政府或公共机构制定规则，由私人机构负责管理信息系统、组织投资和收益分配，智利就属于这种类型。再如，由公共机构负责制定规则和管理信息系统，由私人机构负责组织投资，这也是一种类型。此外，对由私人机构负责投资的部分，还可设立某种规则，要求私人机构对其投资进行再保险，并指定再保险要选择公共或政府的保险机构。

（二）受益基准制

受益基准制意味着保障措施对具体受益人的提供取决于（或主要取决于）规定中的受益与否的标准（或公式）。

首先，受益分配方式是根据一定的受益公式，按照受益人当前的状态（如年龄、身体健康状况、失业期等）是否符合特定的标准而决定的。这种受益分配方式注重的是受益条件的公平性，而不注重受益人以往在资金上贡献的多少。

其次，从资金筹集方式看，受益基准制的基本特征是采用现收现付制来筹集资金并满足当期的支出。

从受益分配方式分析，由于它强调的是根据统一的受益条件决定受益水平，在条件面前人人平等，因此具有较强的社会公正性。这里，社会保障具有明显的再分配性质，起到了一种收入均等化的作用。然而，如果从另一个角度看，这种受益分配方式的优点的背面恰恰又隐含着不足之处。即由于它不是依据人们以往贡献的大小来决定受益水平，因此就有可能出现吃“大锅饭”的问题，会有损贡献多的人继续努力工作的积极性，而贡献少的人也没有压力迫使他改变现状。正是由于缺乏激励机制，近来人们正在思考如何通过改进受益公式使其包含一定的劳动贡献因素来弥补激励特性上的不足。

从现收现付制的筹资方式分析，其优点在于管理相对简便，它的资金来源主要是税收，无须建立庞大的信息系统，不涉及投资及投资回收问题，因此管理成本较低。但现收现付制要取得好的效果，要求环境条件相对稳定。首先，它要求经济发展以及与此相关的财政收入相对稳定。实现现收现付制，在一定时期内，它的支出水平是相对稳定（或变化较小）的，因此要求收入也必须稳定在同样的水平上，如果经济发生较大的波动，从而引起财政收入的大幅波动，那么势必引起支付上的危机或被迫修改已承诺的受益公式。其次，现收现付制要求人口变动相对稳定。由于现收现付制是以当期的工作人口上缴的税费来支付当期退休人口的社会保障支出的，所以如果人口结构变化剧烈，特别是出现了人口老龄化时，就会使社会赡养比例过大，造成支付上的困难，或对当期工作人口征税过重而影响其工作动力。

近年来，由于人们对受益基准制已表现出的弱点有了一定的体会，因此出现了一些变革的趋势。例如，受益公式的改进就是明显的例证。过去的受益公式（包括逻辑公式和计算程序）比较简单，现在则倾向于较为复杂，在复杂的计算方式中包含了供款方面的信息。这样可把供款基准制中的某些因素吸收到受益基准制中来，兼容了供款基准制的一些优点，从而有可能解决受益基准制当前存在的一些缺陷。

此外，受益基准制的资金来源主要是税收，如果财政部门有科学预测的长期动态的计划，在税收较多或社会保障支出负担较轻的年代可将一部分税收拿出来进行长期投资，形成部分积累，这样便可以调整经济周期或人口结构变化引起的波动。例如，在人口年轻化和高速经济增长年代，税收收入多，便可拿出一部分做基础设施投资的支出，从而保证社会保障的开支。这在一定程度上类似于预筹积累的作用，对经济衰退起到一定的熨平作用，对人口老龄化带来的支出也具有一定的滤波作用。

（三）混合制

前面的分析表明，供款基准制和受益基准制是社会保障体制的两种基本类型，它们在资金的筹集方式、受益的分配方式等方面都有各自不同的特征，从而形成了各自的优势与不足。同时，两种基本类型之内又存在着进一步划分子类型的可能。为了给体制选择提供更大的决策空间，人们不希望只看到极端的方案，还要求看到混合搭配的可能性，即从 0 或 1 的决策变为 0 到 1 的决策。恰好，供款基准制与受益基准制有可能进行某种不同比例的混合。

有可能具有普遍意义的混合制是使用受益基准制提供普遍性的最基本的社会保障，而使用供款基准制对具体个人提供附加的个人保障。也就是用较低工薪税税率征收一部分公共财政收入，由财政支出按某种受益公式对退休、医疗、失业、伤残意外等提供水准较低的但普遍适用的基本保障，这一部分保障强调公平性和社会安全网的作用；但大多数人不会满足于低水准的退休金及其他保障，因此仍要安排供款基准制的附加保障，这是个人账户、自存自用、预筹积累式的，它提供了明确的激励特性。两者之间比例上如何搭配，取决于经济社会的具体不同条件和体制偏好。如经济实力强大且倾向于公平和社会安定，可将受益基准制的作用比例安排得大一些。如经济实力不足且倾向于保持有力的激励以促进经济增长，可将供款基准制的作用比例安排得大一些。

这两者之间的搭配，有可能是 0 到 1 之间的连续性的方案选择。

需要注意的是，人们永远做不到将两种对立事物的优点结合在一起而完全避免其缺点。就这两种基准方式的综合而言，有可能造成社会成本的提高，既要有一支队伍从事工薪税的征收并按受益公式实现再分配，又要有一支队伍管理个人账户及其投资等业务。就全社会而言，这无疑是消耗了更多的资源来实现特定水准的社会保障目标。

我国也存在某种奇特的混合制：政府职员和国有企业职工享有受益基准制的保障，而集体所有制和个体户可能更多地依靠自身供款的积累，农民家庭则更多地靠自己的家庭积累来保障老年及医疗。这似乎隐含着可能存在按人或按地区划分区别执行受益基准制及供款基准制的混合制度。但是，从制度的合理性角度出发，这种按人或按城乡来区分的混合制明显地隐含了等级制度，从而在政治上和社会上既缺乏合理性，又难以长期维持。当然，这种混合状态如作为某种特定的过渡性选择，意味着过去存在的等级制度不可能一步予以取缔，而需逐步改变，那么，这种混合状态或许有其短期存在的合理性。

最后，在讨论基本概念时，应明确保险及保险业在社会保障中可以起到的作用。这是由于有些人对社会保障和社会保险不加区分。保险指的是在按特定规则缴纳保费的前提下，受益人由于不确定性导致的支出由保险机构承担。在如何衡量不确定性导致的支出问题上，它使用的可以说是一种受益公式，而缴纳保费则有些类似于缴税。从这个意义上讲，受益基准制的社会保障是一种社会保险，两个词有可能替代。但是，受益基准制并不是社会保障的唯一形式。供款基准制不具有或只具有较少的保险特性，如果受益人在其个人账户中的积累不足，不管是否由于不确定因素导致的需要，原则上不能使用别人账户中的积累。在此情况下，社会保障和社会保险就不能混淆。我们说，保险的程度如何也是衡量社会保障体系性能的一种尺度，即便是供款基准制，它提供的保险程度也是设计者可以选择的。上文介绍了新加坡公积金制度演进的过程，表明其初期基本上不具有保险特性，随后略有增加，但仍保持了相对较低的保险特性。这与他们更看重激励特性有关。

由于受益基准制的社会保障体系本身已是一种保险体系，因此在这种制度中就不必再引入更多的商业性保险为社会保障服务或作为一种补充。与之相反，供款基准制由于在原则上有别于保险，往往有可能需要引入保险业来改善其提供社会安全网的特性，以应付由于不确定性带来的各种问题，为此，保险业在供款基准制下也显得更有发挥作用的空间。

首先，人寿保险公司可以以私人机构的面目向人们提供有别于官方规定的人寿保险产品，并负责建立和管理有关受益人的信息系统，还可以负责收益分配工作，这些都可以发挥其专业特长，并且可以引入竞争性服务，也有可能降低管理成本。

其次，为了保证受益人的利益，由私人机构负责的基金投资活动可以由政府或准政府的或商业性的保险机构对其投资业务进行再保险。这样再保险本身便构成了社会保障的一个内在环节。

最后，由于社会保障中养老、医疗、伤残、失业这几个项目具有不同的特性，有些项目宜于采用保险的做法。例如，伤残具有很强的不确定性，医药与治疗需求具有时间上和费用上的不确定性，因此也需要在不同程度上引入保险的功能。对于养老来说，何时进入老年是可以确定的，但退休之后生命的长度却是难以确定的，因此，供款基准制中的受益人到退休年龄后是否允许全部提取个人账户中的养老积累，如允许提取个人账户中的全部积累，又存在受益人是否能够合理安排支出以应付寿命及健康的不确定性问题。在这种情况下，可以考虑的一种选择是把全部或大部分养老积累转为购买年金保险，今后不管寿命是长是短都领取年金。这也是保险业可以发挥作用的领域。

四、社会保障制度的多维评价体系

从最直观和简单的角度看社会保障制度，表现为社会的安全网。进一步的分析则表明，它是一种典型的服务于多重社会经济目标的系统，具有多重特性。它的直观目标是为社会成员提供基本的安全保障，而要较好地实现这一目标，又直接涉及社会公平（平等）问题，以及与此相联系的隔代人之间的收入再分配问题和对个人的激励问题。如果再进一步进行经济分析，我们还可以看到，社会保障又涉及积累及消费模式的选择、其自身的管理成本以及所有制结构等问题。因此，评价社会保障制度不应该以个别尺度简单行事，而应当从多重目标的实现程度及其多种特性的尺度进行综合评价，这样我们在进行保障制度的重新设计和改革的过程中才能避免出现偏差或遗漏。

基于这样的认识，有必要设定一个多维的评价体系，它大致包括以下十个方面的评价尺度。

1. 社会安全保障的完善程度以及与此相应的社会安全感

安全感是人的基本需求之一。人们在现实生活中有可能遇到形形色色的不安全，例如，个人的生老病死、社会上的恶势力、种族冲突和偷盗抢劫，等等。面对这些风险，个人和家庭的能力是有限的，因此需要社会提供一定程度的安全保障。在一个具有比较完善的社会保障制度的社会中，人们就可以获得较高程度的社会安全感，那种因缺乏保障铤而走险的犯罪现象会大大减少。能否建立比较完善的社会安全网，从而使人们获得较高程度的社会安全感，这是我们评价社会保障制度的一个基本尺度。

我国进行社会保障制度的设计和改革，应当以建立完善的社会安全网和满足社会成员对社会安全感的需要作为一个基本目标。不管采取什么具体的保障方式，如社会统筹安排，或是个人账户方式，都是要使人们获得安全保障，使人们确实感到未来的养老和医疗等基本方面是有保证的，不会因各种事先不能预料的事而侵犯人们的利益。例如，不会因发生通货膨胀，或国家领导人的交替等经济或政治方面的原因而影响未来的养老保障；不论人们是否会得大病或发生意外伤残，经济上都应有基本保障；等等。总之，人们对于制度上的某种安排都会有一定的心理预期，一种稳妥的安排就会产生一种安全的预期，就会使人们的心态比较安定平稳。

这里还需要指出的是，社会安全感的形成并不一定绝对地与人们的生活水平相联系。有些国家收入比较低，但社会安全网建立得比较好，人们的社会安全感比较强；而另一些国家收入比较高，但社会安全网建立得不好，社会中犯罪多、人际关系紧张、不安全，人们的社会安全感会比较差。

2. 社会公平程度

社会保障制度是社会发展和社会进步的产物。它关注的是全体社会成员的基本保障，以求得整个社会的安全。因此，它特别强调对于全体社会成员的公平性，在某种程度上也具有平等性的含义。从这个特性看，社会保障的覆盖面如何是有重要意义的。例如，从全社会看，是不是一部分人能够受益于社会保障制度，而另一部分人却不能够受益；或者说不同的人享有同样的保障待遇是否需要付出不同的代价。这类问题强调了社会保障的平等性质，也对社会保障制度本身提出了更多的要求。当然，从实际情况看，一些发展中国家的社会保障只给居民中的一部分人提供了保障，一般是现代部门中工资的领取者，而没能覆盖全体社会成员，应当说这一方面是受到了经济发展水平的限制，另一方面也与社会保障制度的选择有关。从我国的情况看，主要存在两种差别：一是城市居民（或者说现代产业部门职工）与农村（或者说传统农业部门）农民在社会保障的受益上差别很大；二是不同所有制的职工享有社会保障的方式和程度是不同的。前者在相当大的程度上是难以避免的，但是今后需要努力缩小这种差别；后者在很大程度上是与过去传统的经济体制相联系的，今后应当是可以改变的。特别是手段不一致不等于效果也必然不一致，有时手段虽然不一样，却可以取得同样好的效果，从而也能够达到社会的公平。

3. 对个人的激励作用

社会保障可以使人们获得基本安全的保证，并具有一定的公平性，这是其好的作用的一面，但与此同时，它也面临着另一方面的问题，即是否能为个人努力工作和推动经济增长带来恰当的动力。如果社会保障制度设计不完善，就容易出现两类问题。一类是有关个人工作积极性的问题。像欧洲有些国家，失业救济金给得过多，工作与不工作的差别比较小，退休后的生活保障也是平等的，且由公共财政承担，就不利于鼓励人们的工作积极性；同时，过重的财政负担还导致高税率，如果工薪税或个人收入所得税的边际税率定得过高，会进一步挫伤人们的工作积极性。另一类问题与个人消费有关，即多积累与少积累的差别问题（将在下段评述）。如果社会保障制度设计使得人们不管个人积累是多是少都可以享受同等的保障水平，那就会损害人们进行积累的积极性。传统的社会主义中央计划经济（特别是苏联、东欧国家）中的社会保障，都是受益基准制，提供了相对较高水平的社会保障，如公费医疗、低租金住房、没有失业等。这些都是造成工作动力不足的原因。

4. 对积累及经济增长的贡献

从积累的角度评价社会保障制度，主要看社会保障是否能促进整个社会形成一个适当的积累率，从而促进经济增长。实现经济增长，一方面要靠每个社会成员努力工作，另一方面还要求社会上要不断有新的投资形成积累。从哈罗德—多马模型看，积累是经济增长的最重要因素。亚洲经济增长较快的国家和地区，其积累率也都比较高。而社会保障的制度及各种计划安排又会对总储蓄即积累的形成产生相当重要的作用。表 1 说明了一些国家源于社会保障的储蓄数量。

表 1　　　　1977 年 15 国社会保障的储蓄

国家	国家总储蓄（本国百万货币单位）	来自社会保障的储蓄（本国百万货币单位）	占国家总储蓄的百分比（%）
摩洛哥	6 166.00	249.87	4.1
毛里求斯	1 020.00	32.61	3.2
突尼斯	255.10	56.73	22.2
赞比亚	199.30	30.34	15.2
巴西	345 137.00	1 904.80	0.6
加拿大	21 569.00	3 774.70	17.5
哥斯达黎加	3 308.50	414.90	12.5
美国	91 634.00	20 929.00	22.5
巴拿马	291.00	45.79	15.7
印度	99 620.00	9 617.60	9.7
日本	37 809 000.00	4 708 900.00	12.5
比利时	353 695.00	3 507.20	1.0
法国	205 968.00	6 841.70	3.3
挪威	12 555.00	2 163.90	17.2
英国	9 508.00	1 786.00	18.8

资料来源：国际劳工局社会保障司．社会保障导论［M］．北京：劳动人事出版社，1987：152.

表 1 描述了由社会保障形成的储蓄的规模。然而，有些经济学家提出，积累率并不是越高越好，而是要与供给的结构等因素相匹配，有时还需要鼓励消费，因此，社会保障制度及政策选择涉及消费最佳模式的问题，是一个比较复杂的问题，还需要进行更深入的分析。

哪一种社会保障方式可以对积累产生积极作用呢？从受益基准制看，由于它实行现收现付制，无须安排积累，所以并不对积累产生什么作用。这一关系是比较明确的。当然，从整个社会看仍然有积累，这种积累主要是依靠自愿性储蓄、由税收征集到的财政储蓄和企业储蓄形成的。显然，这种积累与社会保障并无直接关系。从供款基准制分析，由于它采用预筹积累的方式筹集所需资金，因此对形成积累会产生直接的作用。但是它能否促成一个比较适当的积累率，还要取决于具体的政策规定及数量指标。如果供款量的数额不大，积累就会很有限。要形成适当的积累，就要规定适当的供款量。

供款基准制的预筹积累方式实际上是一种强制性或半强制性的储蓄积累方式。为什么要采取这种带有强制性的做法呢？其理论分析是基于人们的非理性预期，也就是说，人们不见得都具有能够合理预期的长远眼光，在年轻时对未来的估计及所作的安排往往是不够的，因此，收入中用于当期消费过多，而用于未来的预留不够，这就需要通过强制性的方式，帮助他们进行储蓄和积累。

那么，进行强制性储蓄积累对于社会的总储蓄和积累是否有效呢？有一种观点认为，强制性储蓄积累会抵消自愿性储蓄积累，所以对于总储蓄率来讲是无效的。从实际经验的结果看，这种说法是缺乏根据的。事实上，进行了强制性储蓄积累后，自愿性储蓄积累并不是等幅下降的，总储蓄率往往是有所上升的。在年轻型人口结构向老年化人口结构转变之前预先做积累是有益的，它可以为将来老年赡养人口的剧增做好准备。当然，如果财政税收的设计有长远观点，财政储备也可以作出一定的准备。例如，保证足够的税收，其中一部分用于支付现在的养老开支，结余部分可安排为基金，亦可用于基础设施投资，像修建公路、铁路、城市设施等，实际上是进行实物积累。到人口老龄化时，财政支出就可以减少用于基础设施投资的比重，把省下的钱用于养老开支。从这个角度看，对于如何进行积累是有争议的。

通过社会保障方式促进积累率的提高是否有益呢？对于这个问题也有不同看法，它涉及适度积累率和最佳消费模式的选择问题。一般说来，过低的积累率对于经济增长不利，对于老年人的保障也不利，但是过高的积累率也不一定好。过去，不少分析认为积累率过高会带来一些问题：其一，影响消费，会造成消费品的库存积压，进而影响消费产业的生产及发展；其二，大幅增加投资需求会造成资本货物供给不足，造成失调；其三，强制性积累过高，会影响生产者的积极性；其四，强制性积累过高，会使当期劳动成本增加，损失廉价劳动力的优势，从而影响外商投资；等等。这些分析表明，确实存在着一个适度积累率和最佳消费模式的选择问题。即GDP 中究竟有多大比例用于消费是最佳的，而消费在多大比例上能够适应当前的生产能力以及当时的人口结构（人口结构直接影响产品结构），多大比例是最有利于经济增长的？这一问题既可以从静态最优化来分析，也可从动态最优化来分析；从最优化模型来分析与从哈罗德—多马模型来分析，两者得出的结论是有差别的。

不管采用什么样的分析方法，积累和消费的比例都有一个比较合理的界限，低于或高于这个界限就需要进行调整。这就涉及宏观调控能力的问题。如果存在强制性积累，对这一比例的调节就会成为对积累和消费比例关系进行调整的手段。在某些缺乏调节手段的经济中，特别是在利率调节不易使用的条件下，这种通过调节强制积累率进而调节积累和消费比例关系的手段就会发挥重要的作用。例如，新加坡在经济不景气时，采取降低公积金供款率的做法来增加消费，以刺激景气的恢复。当然，这种做法也有争议，但这终究不失为一种调控手段，而社会保障制度的设计将对这种宏观调控手段产生影响。

在社会保障制度中对积累产生重要影响的另一个因素是有关的税务安排。在实行累进个人所得税的条件下，最高的边际税率究竟对投资的作用如何，如果投资可以做税基扣减就相当于一种鼓励投资的措施。与此相类似，对于社会保障所作的税务安排也会发生是否鼓励积累的效果。一般情形如用于养老供款的全部个人部分可以免交个人所得税，企业部分可列为劳动成本开支，这种税务安排会对积累及社会保障制度的创造起鼓励作用。

5. **管理成本尺度**

实施社会保障必然要消耗人、财、物而产生成本，特别是涉及对相当庞大的信息进行管理从而形成显著的信息管理成本的问题。如果采用供款基准制的方式，就面临个人账户系统的管理及其成本的问题，包括管理每一个人的各种信息，如连续工作状况、失业与否状况、供款量的大小和变化状况；当预筹基金用于投资时，还要包括投资基金的管理运营和回收的信息；最后的环节是受益人的信息，按这些信息来实现养老金及其他受益款项的支付；等等。如果采用受益基准制的方式，同样也存在管理成本问题，要根据受益公式的标准掌握每个人的有关情况，由此决定受益分配；特别是如果受益公式复杂化，信息管理的数量和成本将会进一步增加。上述所有这些管理，不论是由公共机构来负责，还是由私人机构来组织，都需要付出一定的开支，就是说 GDP 中要有一部分资源用于这种服务，这是必要的、不可避免的，但是我们在进行社会保障制度的设计时，必须研究怎样才能使管理成本合理化的问题，这也就是管理成本尺度的含义。

从经济学和管理学的角度看，似乎在特定体制下总可以找到某种方法使管理成本合理化，而在实际管理工作中往往不一定能找到独立于制度选择的降低成本的方法。制度和政策的不同往往会使成本差别非常之大。在实行受益基准制的社会保障制度中，政府以工薪税的方式筹集资金，并按受益公式进行再分配，管理成本可以降到较低的水平，例如，美国受益基准制这部分退休金体制中的管理成本，占供款总额的比例不到 3%。但是，在供款基准制中实行个人账户的方式，并鼓励多家机构以竞争方式开展业务，推销相同类型的保障服务，管理成本就会大得多。例如，智利采用这种方式，其成本占所筹集供款额的 30% 左右。虽然这部分成本是用供款投资后产生的增加值支付的，但从供款人最后受益的角度看，其收益减少了，从全社会看，社会总资源的利用效率降低了。上面这两类情况表明，出于体制和政策设计上的原因，有可能寻找一种好的设计可以在全社会中使用较少的人力、物力和财力资源而很好地实现社会保障，而一种不好的设计可能使用了相当多的资源但效果未必与此成本相匹配，这类似于产品的性能价格比。这充分说明了体制选择和政策设计的重要性。

这里可以提出几点具体考虑。第一，一些原有的既定方法是否有改进的余地。例如，在实行供款基准制的时候是否要采取竞争性的方式来进行，这是可以讨论的。因为多家机构推销同一种远期保障的服务产品，需要花费大量的广告等推销费用，而实际上，人们需要根据对未来的预测作出选择，大多数人对未来的选择并不十分清楚，虽然竞争性推销可以提供多种选择，但如果人们并不真正会选择，就可能导致整体成本比较高，而效果有限。因此，我们也可以设想改变这种方式，对所提供的保障服务作出大体的规定，从而减少不必要的竞争性推销的成本。第二，在投资选择方式上怎样才能以较少的成本取得较好的投资效益，这涉及很多其他方面的经济衡量问题。例如，如果设想在有发达的证券市场的条件下进行投资，就可以提供多种投资组合，有利于降低投资风险；在证券市场比较完善的情况下，投资和回收也易于进行。但是，如果没有股票市场，例如，只能投资于国库券，就可以只用较少人力组织投资，节约成本，但同时又会存在风险，如政治情况的变化、宏观经济政策的变化等都有可能影响投资的收益。

最后，需要指出的是，管理成本只是衡量社会保障体制众多尺度中的一个尺度，在某种体制下，有可能成本是高了些，但可能更好地实现其他目标，因此又是可取的。

6. 隔代人之间的收入再分配效应

由于社会保障制度自身带有明显的社会再分配特性，因此评价社会保障制度还需要用经济学中研究再分配的方法加以审视，特别是要力求避免出现隔代人之间的收入分配不公正的问题。所谓隔代人之间的再分配是指在全社会不同年龄段（以“代”来区分）的人们之间出现的再分配，如老一代人对经济增长贡献很大而得不到适当的养老保障，则相当于从老一代人中收税向年轻一代再分配。

受益基准制是根据一定的受益公式决定收益分配的，具有极为明显的社会再分配特性。供款基准制从理论上说可以不搞过多的再分配，但多少也有一定的再分配功能，特别是在失业、伤残等方面的社会保障，再分配的特征也比较明显。在养老方面社会保障的再分配效应如何，则主要取决于社会保障体制和具体政策的选择。如果不考虑或者忽视隔代人之间的收入分配问题，或者从某种政治权衡出发，在社会保障制度的选择上有意偏向于某一年龄段的人的利益，就可能使某些年龄段的人们，如老年人（或青年人），享受超过其自身贡献所积累的社会财富，而另一年龄段的人们，如青年人（或老年人），却不能享受到其贡献所积累的社会财富。这一矛盾有时还会因人口结构的变化变得更加尖锐。这不仅是一个社会经济问题，而且是一个重大的社会政治问题，也是政治可行性及分组居民的公众选择问题。在进行社会保障制度设计的时候，我们应当高度重视这个问题，并力求比较客观、公正地解决这个问题。

7. 政治性选择的影响程度

社会保障制度的设计应当在一定程度上避免政治选择和政治目标的影响，以保证其稳定性和可靠性。这包括两重含义：

其一，要避免社会体制及政治变化使得社会保障难以为继，从而影响社会稳定。如果由于体制或政治变化使得原来承诺的社会保障无效，就会使社会安全网以及与此相关的社会安全感遭到破坏，人民就会不安和不满。社会保障制度的设计应当考虑到避免政治震荡的冲击，即使在发生政治变化的情况下，社会保障仍然能保持连续性和稳定性。

其二，要避免从短期的或狭隘的政治考虑出发作出随意性安排。一些政治家为了赢得选民的拥护，有可能在社会保障方面作出一些随意性的安排和承诺，例如增加老年人的社会保障待遇或减轻青年人的负担，这会造成隔代人之间的收入再分配的变化，从经济上看可能是不合理的，但却被政治家利用。在某些国家、某一时点上，这个问题会很敏感，社会保障的制度和参数选择在一定程度上为政治上的角斗所利用。从社会保障制度设计的角度看，应当把政治性利用控制得越低越好，要从经济、社会、人口状况出发来安排，而不受短期的政治考虑，或为个别的政治派别的利益而随意安排。

8. 实现过渡的代价

由于社会保障制度是一个长期动态系统，涉及以前作出的承诺和未来的兑现问题，因此从一种类型的社会保障制度转变为另一种类型的社会保障制度的改革，特别是在受益基准制和供款基准制之间进行切换时，必然存在一个过渡特性的问题。如果不能妥善过渡，往往还会造成非常严重的隔代人之间的收入再分配问题。例如，苏联和东欧国家原来都有普遍的养老和医疗保障，而现在重新进行了制度选择，原来的社会保障承诺现在实际上并没能兑现，所以老一代人的境遇就变得很糟。当然，这也有其他多方面的原因，如过渡期的整个经济状况不好，全体居民的生活水平整体下降，长期系统更易于受通货膨胀的侵害，等等。但总之，苏联和东欧国家的情况表明，过渡性的选择是一个比较难以解决的问题。因此，用什么方式来解决过渡性的问题，过渡过程中是比较公平还是很不公平，过渡造成的震荡和代价是否能为社会所承受，这些都是评价社会保障制度时的重要尺度。

9. 对所有权关系的影响

考虑到养老金制度，不管是隐含的还是明晰的，都与积累有密切关系，而积累必然要体现为投资，从而会与所有权相联系。

从这样的分析出发，我们认为社会保障制度的选择是与所有权结构的选择有关系的。例如，如果选择实行个人账户，个人账户上的储蓄将会形成大量的投资基金，为了保证投资收益及回收，就要建立一套有效的机制，这就涉及这些基金在全社会所有权中占有相当比重的问题。所以，当我们把社会保障制度作为一个整体系统时，在其设计上就应当考虑到，其投资形成的资产所有权的管理效率如何，是否能保证恰当的资产收益率；进一步说，当经济中原有的所有权关系缺乏效率时，社会保障的投资体制是否能对改变这种缺乏效率的所有权关系有所贡献？我们认为这两者是可以结合在一起考虑的。社会保障制度的改革对于促进企业产权关系的变革确实可以发挥一定的作用，这也是在设计社会保障制度时应当加以利用的方面。

10. 对资本市场的作用

由于社会保障的积累特性，它可以与推动资本市场的发展联系起来，进而对资本市场的推动程度也可以作为衡量社会保障制度的一个尺度。

社会保障对于推动资本市场的作用如何，与具体的体制选择有关。从受益基准制看，它与资本市场基本上没什么关系。苏联和东欧国家多年没有资本市场，受益制的社会保障照样可以进行。从实行供款基准制看，它对资本市场的作用也是不同的。新加坡的公积金投资由一个机构负责，对资本市场的形成和发展没有特别大的推动作用。智利采取由多个养老金机构进行投资的方式，对资本市场的发展就起了强有力的推动作用。一是因为多家机构竞争参与资本市场，使得资本市场非常活跃；二是因为每年都有大笔资金投入资本市场，资本市场迅速壮大。上述情况表明，不同的选择会产生不同的结果。所以，我们在选择社会保障制度时，需要考虑当前的经济社会发展阶段对培育资本市场的需求程度，需要事先把对资本市场的作用程度作为一个尺度来加以考虑。

五、力求避免思维上的偏向[①]

当人们谈论社会保障体系的制度选择时，可以观察到有些人自觉或不自觉地持有某种思维上的偏向，把某些需要讨论和论证的命题当作前提。

常见的偏向有两种类型。

第一种偏向与传统的苏联模式下的社会主义经济的社会保障概念有关。它偏重强调社会保障的全民特性，即强调公平和平等的特性；同时它还强调政府所能起到的作用；又由于传统的中央计划经济历来较为忽视激励机制，因此在思维上往往不接受关于社会保障制度的激励特性的讨论。随着改革的进展和深化，一些新的概念并不是不可接受的，但往往认为这些新的概念与社会保障不相干，而是用于其他特定经济问题。

第二种偏向与风行十多年的撒切尔—里根经济思想有关。很多中国人是在改革的十多年时间里从报纸、杂志上学到经济学知识的，而这十多年正是撒切尔—里根经济思想蔓延的时代，简言之，它主张减税、减少政府及公共财政在经济中的责任、私有化。如今，它已受到相当多的质疑，至少有很多人已不愿再表现得那么偏激。在社会保障问题上，有些人一听到政府可以通过税收收入来承担某种社会保障的责任，就立即有反感，甚至不区分数量和范围的界限；他们往往不加分析地倾向于由私人机构承担社会保障职能。

本节试图说明，这些偏向常常是不自觉的，是需加以提醒和讨论的。经济思维的左右摇摆往往是十年或几十年一个周期，而社会保障是为更为长期的系统而设计和运行的，因此更需要注意避免受中短期经济社会思潮的过大影响，更需要把分析与设计建立在坚实

① 限于篇幅，本小节仅保留摘要。

的经济理论与管理科学的基础之上。

六、对中国当前社会保障制度改革若干问题的初步思考

1. 中国社会保障制度的选择倾向

我国当前的经济改革面临着对社会保障制度的选择问题。进行这种选择的基础是要从我国的实际国情出发。我国是一个发展中国家，人均 GDP 的水平很低，经济发展刚刚进入起飞阶段，社会追求的主要目标是尽可能快地实现经济增长。因此，从效率与公平的边际效益的比较来看，人们追求更多的是效率，以便在较大范围实现较高程度的经济富裕。从这样一个基本前提出发，就确定了我们对社会保障制度进行选择时的基本倾向。其一，注重鼓励个人劳动的激励系统的有效性。我们希望社会保障制度在使人们获得基本安全保障的同时，还能够保持“多劳多得”的激励机制，鼓励人们努力工作，增加收入，从而享受更高水平的保障，避免吃“大锅饭”的弊端。其二，强调保持较高的积累率。我们希望不要把社会保障搞成像某些西方福利国家那样的“财政包袱”，而是要对整个社会形成适当的积累率发挥促进作用，要在鼓励人们多工作、多收入的基础上，鼓励人们多储蓄、多积累，从而使整个社会经济能够保持在一个比较高的增长速度上。我们这种初衷与后工业化国家强调的提供高水平的保障以及人人平等的社会公平相比较，倾向是不同的。其三，重视与其他社会经济改革的相互配合作用。我们希望社会保障制度方面的改革能够对其他方面的改革产生积极作用，例如，有利于所有权结构的调整和重组，有利于资本市场的发育，等等。

从以上这些带有明确倾向性的要求出发，我们认为中国应当选择建立一种以供款基准制为主的社会保障制度。这种制度仍可以是一种混合制，即供款基准制与受益基准制相结合，但其主导方面是前者，这是选择的主要倾向。

2. 社会保障制度转换过程中新老办法的过渡问题

要在我国建立以供款基准制为主的社会保障制度，我们面临着如何从过去实行的受益基准制向这种新制度过渡的问题。其主要难点之一是解决隔代人之间的利益调整问题。对于年轻人来讲，问题比较简单，他们可以从工作之日起直接进入新的社会保障制度，建立个人账户，开始进行储蓄积累，以后按新规则享受应得的社会保障。但对于老年人或已经工作不少年的人们来说，问题就比较复杂。他们过去完全是在受益基准制的体系中，当体制改变后，如何安排这部分人的社会保障，并确实能够保障他们的利益，就是一个必须要解决的问题。

在我国的社会保障制度改革中有一种广泛流行的看法，认为可以采用“老人老办法，新人新办法”来解决过渡性的问题。实际上这是很困难的。如果我们设想从受益基准制改变为供款基准制，一方面，老人老办法是现收现付，他们没有个人账户上的资金积累，其退休金的支付是依赖于现在工作着的年轻人的贡献；另一方面，新人新办法是在个人账户上为自己将来进行的供款积累，而不是为上一代人的养老提供资金。这样资金来源就很困难。如果转而采取税收的办法去加税，又会使税收负担加重。所以，新老办法之间的过渡性安排是个难点。

智利进行社会保障制度改革的经验为我们实现这种过渡提供了一种思路。智利在改革以前对一部分政府公务员和国有企业职工实行受益基准制，在改革过渡为供款基准制时，以认账债券的办法实现了过渡。政府对于过去实行受益制的人员发放认账债券，按照过去工作的贡献（工作年限和工资级别）计算决定其数量界限，相当于个人账户中的资金积累，到退休时这些人员便可以据此享受应得的退休待遇。为了解决认账债券的资金问题，智利政府在改革前通过盈余财政做了一定的积累储备。智利认账债券的办法对我们有一定的启示，例如，可以按照人们过去的贡献进行折算，大致估算出其已经储存积累的资金数量，然后转入个人账户。但问题是，如果在没有财政盈余储备的条件下这样做，实际上是用空头债券的办法打财政赤字。特别是由于我国人口庞大，财政赤字的规模已太大，这样做会使财政难以承受。

我们认为，从我国的实际情况出发，吸收智利的折算办法，并考虑到社会保障制度的选择是可以与所有权关系的安排相联系的，我们可以设想采取折算贡献、重新划拨资产、组织养老基金这类办法来解决这一问题。

从我国的实际情况来分析，那些国有企业中的老年人以及已经工作过一段时间的三四十岁的人们，他们虽然没有个人账户的储蓄积累，但实际上他们过去已经作出了应做的贡献，他们过去的收入是低工资，其节余积累的资金已经被财政或国有企业吸收，又用于重新投资，形成了新的企业资产或各种基础设施；或者还有一些通过地方集中或部门集中的方式被投资到了其他地方；同时还有一些企业和行业，由于价格扭曲，其真实利润并未表现出来，所以企业虽然没有形成积累，但并不等于说在这些企业工作的人们没有为整个社会的积累作出贡献，社会积累中实际上也包含着他们的一份。由于存在上述历史性背景，在现有的国有资产中，实际上包含着相当一部分国家对职工的负债，所以我们认为有可能也有理由把以前人们所做的贡献折算为他们个人账户上的积累，再从国有资产中拿出相应数量的资产划归给养老基金等社会保障基金，从而解决社会对中老年一代人已作出的社会保障承诺及改革的过渡问题。

在我们看来，“老人老办法，新人新办法”是一种凑合的办法，老人也应当用新办法来解决，如果回避这个问题反而会造成被动。一是容易损害老年人的利益，造成隔代人收入再分配不合理的问题，如果造成的社会震荡过大，反而会阻碍社会保障制度改革的顺利进行。二是还有可能造成起步时非常低的供款率标准。因为供款率高就会在新老年人之间形成更大的反差，而如果供款率过低，供款形成的积累太少，又难以有效地实现社会保障的职能，特别是当人口老龄化现象出现时问题就会更加严重。因此，不管是从当前还是从长远来分析，过渡问题都难以回避，应当设法妥善解决。

3. 在公司化改制过程中推进社会保障制度的改革

上文提出的解决过渡性难题的办法，实际上是把社会保障制度改革放置于更大的经济改革背景之中，并与企业改革紧密结合起来进行通盘整体设计而得出的改革思路。这一思路的目的，从社会保障制度改革角度看，主要是解决过渡性的问题；而从企业改革的角度看，它既有利于解决企业过多过重的社会负担，也有利于解决企业产权明晰化的问题。因此，这一思路带有多重功效。这一思路本身具有的特性，要求社会保障制度改革要与企业改革同步进行，具体地讲，就是要在企业进行公司化改制的过程中实现这种过渡。

对大中型国有企业的公司化改制是企业改革的一个重要方面。进行公司化改制从总体框架上看，是先要以国有持股公司的形式，通过层级控股关系以及交叉持股关系重组国有产权结构。这里，国有持股公司可分为一级持股公司及其所属的二级持股公司，它们都是具有独立法人地位的、主要从事投资活动的公司，大致有三种类型：（1）由国有金融机构转变而成的持股机构；（2）新设立的社会保障基金等法人持股机构；（3）某些自然垄断性行业或公共行业的总公司。其中，第二种类型的持股机构是我们要专门讨论的。正如前文已经指出的，已经退休、刚刚退休和将要退休的职工，他们在过去对社会积累所做的贡献如折算或缴纳的社会保障供款，已经形成了现有国有资产的一部分，国家过去把这部分将来要用于职工养老和医疗保健的资金先用来投资，形成了一定量的资产。这部分资产虽然看起来是国有资产，但实际上国家并不能使用这部分资本的收益。在进行公司化改造时，应当明确折算出“老人”应得的退休金和医疗费的数额，把与之对应的部门资产从现在的企业资产中扣除，使之归属于社会保障基金之类的法人持股机构。实现这种过渡的具体办法是：在一级持股机构建立退休基金和医疗保健基金；当二级持股机构出价购买国有企业（可以是虚拟的[①]）时，也必须估价其退休金、医疗费用等负担，把它估到自己的出价中。这样，在国有产权转移到二级持股机构手中的同时，企业现有职工拥有的社会保障权益就可以通过二级持股机构转移到一级持股机构设立的退休基金、医疗保健基金中。对于每个职工个人来说，可以根据他们的工作年限和原工资大致倒推出他们过去的贡献，使他们享受相应的社会保障待遇。

这一做法涉及对原有的国有产权关系的重组和一种新的所有权关系的形成。这种新的退休基金代表的所有权不同于以往的所有制概念。一方面，它具有明确的产权关系，是直接属于某个具体的退休人员的，是受益人委托退休基金代为管理的。从这一角度看，它没有全民所有制企业那种缺乏明晰产权的缺点，而是更接近于私有产权。另一方面，退休基金又确实具有公众所有的性质，其资本来自某一大范围的参加供款的公众，是一种更接近于理想的准公有制形式。对于公有制的认识，需要改变传统的概念，公有概念不仅限于全民所有一种，也不能越纯越好或按纯度分为三六九等。

4. 对管理体系的选择

建立一个什么样的管理体系才能以较低的成本实现有效的管理，这是在设计我国社会保障制度时应当慎重考虑、灵活选择的一个重要问题。我们认为，这里的基本原则是要从我国国情的基本特点出发。首先，我国人口数量极为庞大，因此整个社会保障体系的规模特征将不同于其他国家，不论是信息管理还是投资管理，其规模都将是极为巨大的。其次，我国地域广阔，社会经济发展很不平衡。因此，管理系统的区域性特征也有别于一般国家，不同地区之间有可能产生社会保障待遇差别问题，对于在不同地区之间流动的

---

① 周小川，银温泉．经济改革的不同道路［J］．改革，1993（2）．

人口的社会保障管理也有一定难度。此外，我国原有的社会户籍管理系统、身份证管理系统都存在一定的问题，也没有建立起社会安全序号系统，因此这方面的管理基础差。从上述基本前提出发，我们对建立我国社会保障的管理体系有如下考虑：

第一，是集中管理还是分层管理。现在有一种意见认为，应当建立一个全国性机构统一管理整个社会保障系统。我们认为，这种意见没有充分考虑到我国人口规模庞大带来的信息管理难度，我国的总人口为11亿多，其中劳动人口将近6亿。在这样众多人口基础上建立的社会保障体系，其信息量将极为巨大，而由一个机构集中管理如此巨大的信息实际上是非常困难的。在这一问题上，我国的情况与一些小国的情况是完全不同的，也不能照搬它们的做法。因此，我们认为对于社会保障的信息系统不能采用高度集中的管理方式，而应当实行分散化管理，在某一信息量比较适中的层次上建立信息管理机构，以便有效地进行管理。

第二，是由少数政府机构管理还是由多个相互具有竞争关系的经营性投资机构管理。如果完全像新加坡那样，由一个公共机构统管，除了信息量过大难以管理外，巨额投资仅由一个机构管理，也容易造成投资市场结构的失衡并加大投资风险。如果完全像智利那样由多家私人机构管理，又容易使成本过高。对此，我们认为可以根据降低管理成本和保证投资安全的原则作出选择和安排。考虑到社会保障的信息管理系统和投资管理系统的任务是完全不同的，我们可以把信息系统和投资系统分开来安排。信息管理主要是掌握和处理参加社会保障居民的个人账户的有关情况，如工作年限、工资水平以及相应的月度、年度的供款数量，退休时应发放的养老金，等等。又由于退休金对受益人的支付主要依靠这些信息，因此支付体系应与信息管理体系放在一起。投资管理的主要任务是根据投资领域的情况，安全有效地运用资金，在保证投资安全的前提下，获得尽可能多的投资收益。因此，我们可以把退休基金的投资管理分开来考虑。从信息管理看，由政府或准政府的机构来管理，可以提供比较好的安全感，同时这种管理中不必有竞争性的关系存在，从而可以减少不必要的广告宣传等费用，降低管理成本。从投资管理看，由多家机构参与保持一定的竞争性是有好处的，它既可以利用现有的金融机构在投资方面的能力，促进资本市场的发展，也有利于减少官僚主义和一些重大失误，保证投资安全，同时还可以通过投资过程中的竞争和比较，促进经济效益的提高。对于那些比较小或资信不够的投资机构，还可以通过政府或准政府的再保险方式进行投资回收的保险，以保障受益人的利益安全。

根据以上分析，我们可以提出这样的具体设想：由适当层级上的政府或准政府机构制定有关社会保障的规则，如供款率的高低，发放养老金的条件等，并向居民提供有限选择的服务产品，即服务产品相对比较简单，但人们又可以有一定范围内的选择，如在受益方面的某些偏好，或在投资方面的某些偏好。信息系统的管理是统一的。资金统一筹集完成后，根据一定的投资组合要求，委托给相互之间存在竞争关系的多个经营性投资机构（包括国有的或民营的），由它们负责投资和提供回报。投资回报的支出安排仍由上述政府机构（或准政府机构）掌握，负责养老金等的发放。在不同地区之间有可能出现不同的安排，如规则上、投资收益上、养老金水平上的差异，如果人口在地区之间发生流动，他们的个人账户及其以往的全部积累都将随之转移到新所在地的社会保障管理机构，并将按照新地区的规则行事。

5. 社会保障项目及方式的合理组合问题

在我国社会保障制度的改革中，我们还应当考虑到历史上已经形成的城乡之间和不同所有制系统之间在社会保障方面的既定差别，力争实现一种比较平稳的过渡。为此，可以考虑建立一定程度上的混合式社会保障制度。也就是说，以供款基准制为主，但也有一部分受益基准制的社会保障，其中：个人养老保障部分主要采用供款基准制、建立个人账户的办法；医疗保障、失业保障可在一定程度上依靠受益基准制，实行工薪税的办法。这样就使新体制从整体上看，带有一定的延续性，宜于实现过渡。这种办法可首先在城市试行，然后再看是否可在若干年中向农村地区扩展。但是农村地区的情况与城市不同，以前没有搞受益基准制的社会保障，只有一些地方组织了少量的统筹。这是一种历史差别造成的。

养老保障部分实行供款基准制，建立个人账户，其过渡性的问题前文已有讨论，这里不再赘述。这里试图讨论医疗保障和失业保障及其过渡性的问题。

在我国原有的社会保障制度中，采取了公费医疗的办法，而且不存在失业问题。在社会保障改革中，无论是对公费医疗的改革还是对新出现的失业问题，都以采取过渡性的办法解决更为妥当。所以我们主张还要搞一部分受益基准制。例如，职工的医疗费用可以一部分由个人支付，一部分（如生大病，费用超过一定数额时）采用受益制的办法支付。这种一定程度上的公费医疗的做法，可以减缓改革带来的太大冲击，使人们不至于一下子难以接受或负担不起。同样，以前国有企业承诺了终身雇佣制，现在要让职工自己解决和负担失业问题，也是很棘手的，为此企业改革碰到了难题。比较实际的办法是在建立失业保障制度的同时，国家要负担一部分开支。

这些医疗保障费用和失业保障费用都需要通过工薪税的方式来筹集。而工薪税和供款在某些方面是可以合起来筹集的。例如，两者可以都由税收征管部门统一征收，对每一工薪支付单（pay roll）有一定比例作为供款进入个人账户，同时还要有一定比例作为工薪税进入财政性社会保障科目，用于支付医疗费用和失业救济费用。或者也可以采取另一种办法，把上述两种收入都进入个人账户，然后再把收益率降低，从总收益中拿出一部分用于医疗保障和失业保障。当然，不论采取哪种具体办法都会涉及企业劳动成本真实化的问题。一旦收缴这些费用，并把它们打入劳动成本，都会使得工资成本加大，也会增加间接税税基，最终会使产品价格有所上升。这种成本真实化的方向是对的，但实施起来需要一定的宏观政策改革予以配合。

应当看到，上述做法带有一定的过渡性质，因此应当划定明确的界线。例如，对于小型集体企业、乡镇企业、三资企业的职工失业问题，只需要建立相应的失业保障来源，并不需要国家做更多的安排。而对国有企业的失业问题，由于历史性的原因，国家就要承担更多的责任。有人认为国家无须对转移性失业承担责任和开支，但从中国的现状看，给予一定的安排应该说是必要的。

从医疗保障来看，应当建立一种由个人和社会共同负担的付款机制。可以设想由个人出资部分通过工资真实化增加的部分来满足，使人们有能力支付，包括从个人账户的医疗科目中支付，如果生大病，超过个人支付标准的部分由社会保障按保险方式支付。这样就可以比较稳妥地实现过渡。在这一选择中，应当着重研究付款顺序的问题。即在什么情况下医药费完全由个人支付；在什么条件下，可以由社会保障支付；在什么特殊情况下，允许提前支取个人账户中的供款积累用于医疗费；等等。可以有多种设想：如生小病首先由个人负担医疗费用；生大病费用超过一定数额后，就可以从个人账户中支出但有限额，再超出的部分费用可以用医疗保险的办法解决。可以单独建立个人账户医疗保障基金，也可以把它和退休金个人账户合建在一起（新加坡采取了先建立养老金账户后建立医疗金账户的做法）；还可以利用再保险的机制，如用个人账户中的一部分资金做大病的医疗保险；等等。应当指出的是，不论采取什么具体办法，都要通过设定一层层的付款条件和付款顺序作出制度安排，最终形成一种机制，它既能保持个人账户的激励机制，不鼓励小病大养、无病浪费，又能够在碰到意外的大病时，支付治病所需的医药费。此外，我们也应注意到，这一体系的范围仍是有限的。过去农民没有享受公费医疗，对他们今后的医疗问题的安排，应当与城市职工有所不同。今后长期改革的总体方向是要逐步向平等性发展的。

我国新的社会保障制度如果采取混合制，即以供款基准制为主，兼搞少量的受益基准制，那么就要同时承担这两个方面的成本。供款基准制建立个人账户和组织投资的做法，从成本角度看费用是较高的。受益基准制的做法有所不同，但也需要一定的成本费用。因此，采用混合制的做法，从成本角度考虑，可能要比仅仅搞单一做法的花费更多。但我们已在信息管理体系方面显著地降低了管理成本，并主张尽可能地利用税收征管机构以减少成本。

6. 成本真实化问题

不论采取什么样的做法，都会涉及企业成本的真实化问题。只要我们收缴社会保障的有关费用，并把它们打入劳动成本，就会加大现有的工资成本，也会增加间接税，企业的产品成本也可能有所上升。但这实际上是企业成本真实化的一个过程，是不可避免的。在传统体制下，我们的企业成本是扭曲的、不真实的，一些应当打入成本的项目并没有进入成本，从企业财务上看，劳动成本比较低，但实际上从企业总成本的角度看，情况就有所不同了。例如，退休职工的退休金是从企业营业外列支的，低价房租的背后有大笔住房补贴，公费医疗的费用是由财政或企业负担的，这些都没有直接列入劳动成本。所以，现在把社会保障的供款支出直接打入劳动成本以及由此产生的劳动成本上升实际上是正常的。从社会总成本的角度看，这只是一种财务安排上的变化。从发展市场经济的角度看，企业劳动成本真实化有助于实现产品价格的真实化，调整和理顺原来被扭曲的成本利润关系是正确的。1993 年开始实行的财务通则和企业会计总则正是反映这种改革的方向，我们应当进一步坚持此方向并使之得以深化。

当然，劳动成本的上升有可能使相关的产品价格发生调整或上升。这会不会对已经存在的通货膨胀起推波助澜的作用呢？考虑到这一点，我们认为社会保障改革措施的出台应当与宏观经济形势相联系，并应当配之以相关的宏观经济政策，减少不利效应的一面。

7. 大型企业的社会保障安排

较大型企业的情况显然不同于一般规模类型的企业，例如像鞍山钢铁公司这样的企业，企业规模已达到覆盖其所在地区的程度，企业自身已经构成了社区，企业的职工多达数万人。这些企业在某种程度上相当于一个小社会，从这个角度看，我们可以对这些企业的社会保障作出不同的安排。例如，在进行社会保障管理单位的划分时，可以根据企业规模等方面的条件，把它们划为地区一级或小城市一级的社会保障管理单位，特大型企业也可以划作一个独立的单位。

由大型企业自行负责职工的社会保障，总的原则应当是专业化的经营管理，而不能把社会保障和社会福利项目与企业自身的经营项目混在一起。但是如何进行专业化的经营管理，可以根据企业自身的情况确定。一般来讲，职工人数较少的企业可以委托专业化的机构进行经营。而对一些职工人数很多的企业来说，也可考虑由自己经营，单独管理，也可以与工会工作结合起来。

当企业自行负责社会保障和社区公共服务时，它在这方面的支出应视同公共财政的支出，为此需安排专项免税（或退税），或者当作城市而给予预算应给予的转移支付。

大型企业自行安排职工的社会保障，如果搞得好，可以有多方面的好处。其一，大企业可以根据自身的情况确定不同水平的基金标准，其标准有可能高于中小企业的水平，提供更优越的社会保障，这可对职工起到激励作用，增强企业的凝聚力。这实际上也是一种人才竞争的手段，有利于吸引和留住优秀人才。

其二，有利于企业人力资本的投资。由于大企业有优越的社会保障，职工流出比例相对小，企业便可以下决心在人才培训等方面多投资，使职工的技术和相关知识不断更新、更加全面，这将成为增强企业竞争力的最有效的源泉。如果企业人才流动过于频繁，企业将不注意进行人力资本的投资。

其三，如果大企业把职工的养老金投资于本企业，企业的职工便在某种程度上成为企业股权的所有者，可以在一定程度上参与本企业的决策，这种安排实际上是在公司治理结构中增加了一种有效的成分。一般来说，大企业的产权更加分散化，选择能够真正代表所有者的董事不是一件容易的事，本企业的职工代表作为股东可能会更负责任。当然，本企业职工退休基金占本企业股权的比例应有限度，比如不超过25%，否则会带来其他方面的问题。但是，把养老金投资于企业存在风险过大的问题，万一企业未来经营出现问题，工人的工资和养老金会同时丧失经济来源。为解决这个问题，可以借鉴德国的做法，在把企业职工的退休基金投资于本企业的同时，还要在政府或准政府的保险公司做再保险。这样，既有利于企业自身的发展，也不影响基金的可靠性。总之，在这方面还可以进行多种探索。

七、结语

综上所述，本文围绕我国社会保障制度选择的主要问题进行了初步探讨。这里需要说明的是，我们的目的并不是要提出一套具体的制度与政策建议，而是要力求为建立新的社会保障制度提出基本概念与分析框架，这一基本框架具有很大的灵活性。我们在供款基准制、受益基准制之间可以作出一种混合型体制的选择，而在这一混合型体制中，供款基准制与受益基准制之间如何搭配组合仍然可以有很灵活的安排。因此，这一框架为社会保障制度的选择提供了更大的空间。

为了实现上述目的，我们首先试图建立符合经济学和管理学并可以被普遍接受的基本概念，从而持不同观点的人们可以在一种共同认可的概念、语言基础上进行交流和讨论。在此基础上，我们更多地引入了国际经验，希望能在世界范围内寻求成功的经验和少走弯路，并力求把这些经验上升为理念归纳。根据对实际经验的分析，我们又提出了十项标准的评价体系，以求更全面地看待社会保障的制度选择问题，避免出现认识上的不自觉的偏向，或者把过去曾有所忽视的方面补充进来。在形成了一种自觉和全面认识的基础上，对社会保障的制度选择便取决于我们对我国国情的特点以及建立社会保障制度的目标作出的判断；在正确判断的基础上，我们就可以对社会保障制度作出更合乎理性的选择。在本文中，我们对我国社会保障制度改革若干问题的看法，可以被看作一种为进行更深入研讨提供的素材。同时，我们有理由相信，本文所形成的框架为容纳更多的意见甚至是不同的意见提供了进行多种灵活选择的空间。

附录三

新加坡的公积金制度

一、新加坡公积金制度的特点

新加坡的公积金制度非常独特，与其他国家的社会保障制度有很大的区别，属于准财税体制中社会保障功能的一种做法。

新加坡在经济发展早期创办了公积金制度。当时，这一制度不是一种社会保障制度，而是一种通过强制性储蓄来实行的职工对其本人退休养老的自我保障制度，即自存自用而不作保险的制度。新加坡前总理吴作栋先生概括指出，新加坡高度重视储蓄对经济增长的决定性作用，并用了很大的心思在满足居民基本需要和维持工作激励之间作出精细的政策选择。他说："我们实现了'居者有其屋'和医疗保证，但又未搞平均主义，没有吃"大锅饭"，也没有出现西方福利社会那种缺乏上进动力的现象；我们在每个环节（住房、医疗、教育等）上都试图使人们感到既有保障，又有差别，因此保持上进的激励，这是我们的一条主要的经济思想。"

新加坡公积金的一个主要特点是随着经济的发展和个人收入的提高，公积金的积累逐渐超过了退休养老的需要，但新加坡并没有

---

* 编者根据"新加坡的职工保障——公积金制度"（节选自周小川、王林、肖梦、银温泉，《企业改革：模式选择与配套设计》）和"国别研究：新加坡养老金制度及演进历程"（节选自博鳌亚洲论坛"养老金改革：国际经验与中国方案"课题组报告，周小川为课题组总顾问，执笔人：马天禄、李铀、卢满生、顾胥、张尔聪）综合而成。

轻易降低个人缴纳率（即强制储蓄率），而是扩大其用途，将其用于居者有其屋和医疗及个人投资，仍然坚持自存自用的原则。随着新加坡逐步从中等收入国家向发达国家迈进，它小心谨慎地逐步引入了保险形式的一部分社会保障。例如“健保双全计划”，对特定的大病和大手术给予保险，即花销可超过个人的公积金会员账户中的储蓄；又如家庭保障保险计划，即在会员利用公积金购房（分期付款）但尚未付清时，如去世或残疾，则由公积金负责摊还，使该家庭不至于因此失去居所。除此之外，新加坡还有意在每个福利环节上安排有差别的待遇，医疗、教育、住房等都有不同的档次待遇，赚得多、存得多，才能得到高档次的受益，成功地防止了西方福利社会缺乏动力和低储蓄率的问题。

二、新加坡公积金制度要览

1955 年，公积金计划已经成功施行，它是一种防老储蓄金。缴纳公积金者只能在退休或终身残疾时，才能领出存款。这项强制性的储蓄计划，是由雇主和雇员共同缴纳，以解决广大受薪阶级的养老储蓄金问题。

在新加坡经济繁荣的黄金时期，每一位雇员的公积金缴纳额为其总薪金的 50%：其中的 25% 是由雇主负责，另外 25% 则由雇员本身负责。这笔储蓄金分别存入三个不同的账户：普通账户、医药保健账户和特别账户。自 1988 年 7 月 1 日起，新加坡修订了公积金缴纳率，以便进一步达到“长期缴纳率”的目标。在此目标下，雇主与雇员将缴纳相等数额的公积金。凡是 55 岁或以上者，其公积金缴纳率将逐渐递减以鼓励他们继续工作。目前年龄在 55 岁以下者，他们的公积金缴纳率是 36%，其中 60% 存入保健储蓄账户，可用来缴纳政府和私人医院的住院费用。剩余的储蓄便存进普通账户里，这一账户可以用来参与各项公积金投资或购房计划。至于原本计划中用来充作养老金和作为紧急财务用途的特别账户，已经暂时停止。这部分存款将转入普通账户，使会员在遇到经济难关的时候，有能力继续偿还购房的分期贷款。

公积金账户的存款都享有利息。法律条文只规定公积金局每年必须按2.5%的利率给所有存款户支付利息。但是，由于新加坡的经济成就，公积金局有能力付出高于此项规定的利率，每年都为存款户支付利率达6%的利息。直到1986年3月，公积金局才宣布，每隔6个月将依据本地银行界的利率波动幅度调整利息的分布。

当会员永久离开新加坡，或终身残疾，或年满55岁时，就可以领取其公积金。最低存款额计划于1987年1月开始实行。目的是协助会员在年老时通过这部分资助而拥有经济独立能力。最低取款的多寡是依据会员在55岁时的公积金储蓄来计算的。会员有三项选择来决定他存放的最低存款：他可以让其存款继续留在公积金局，或转移至一家特准银行或特准保险公司购买一份年金保险。任何一项选择均保证他自60岁起能取得每月最少230新元的固定收入。个人最多只需保留3万新元的最低存款。若是夫妇，他们联合保留的数额是4.5万新元，最低存款额也有其伸缩性的一面，即它允许会员用他的公积金或现款补足其父母的最低存款额。它的特征是协助会员确保其父母在年老时有定期的收入。有了这项计划，会员及其父母的经济保障也更稳固。

自1968年以来，通过一系列公积金受益计划，会员们通过公积金得到的好处更加全面化。这些计划和原先为提供养老与残疾应急金的设立宗旨是相辅相成的。

1. 投资计划。为使公积金局的会员能动用存款进行投资，制造赚取利润的机会，公积金局从1978年便推行了多项投资计划。其中的一个例子便是购买新加坡公共汽车服务公司股票的安排（1978年）。会员们除了可从新加坡公共汽车股票分得红利之外，还可享有特价乘车证，这么一来，又节省了一笔可观的交通费用。此外，中央公积金局也在1986年另外推行两项计划，使会员可以运用存款来购置和投资非住宅产业，如商店、办公室、工厂和货仓。另外，在获得批准的投资计划下，会员在储存一笔基本存款作为养老金后，也能购买信托股票、债券股票、信托基金和进行黄金投资。

2. 特准购屋计划。除了提供金钱保障，照应将来的生活问题之外，公积金也满足了会员们购房的需要，使得一般领薪阶层都能拥有一间属于自己的房子。在特准购屋计划下，会员可动用公积金购买建屋发展局的政府组屋。他可以利用公积金普通账户内的全部存款，加上每月将缴纳的公积金款项，来购买自己的房子。

3. 家庭保障保险计划。从 1981 年开始，中央公积金局便推行了家庭保障保险计划，以确保会员及其家人不会失去用公积金存款购买的组屋。在此项计划下，会员如果不幸去世或终身残疾，还未还清的购屋贷款，将由公积金局负责摊还。这样，便可保障会员的家庭不会因此变故而失去他们的居所。

4. 特准住宅产业计划。对于那些不符合利用公积金购买政府组屋条件的人士，中央公积金局也于 1981 年特别为他们制订了一项“特准住宅产业计划”。让会员运用公积金来购买私人住宅产业，除了供自己居住外，也可当成一项投资，通过收租以增加收入。这项住宅产业计划的申请方法简单，会员只需向中央公积金局提出申请，一旦批准，便可以动用公积金存款购房。

5. 医药保健储蓄计划。在照顾了会员眼前和将来的生活之后，公积金局紧接着的步骤便是照顾会员及其家人的健康，于是在 1984 年 4 月成立了医药保健储蓄计划。这也是全国保健计划下的一项重要贡献，以照顾新加坡人民的健康需求。在这项计划下，会员可以用其公积金替自己或家人给付医院开销。1990 年又出台了“健保双全计划”，开始对大病、大手术提供保险，即超过自存部分的支出由公积金局用保险方式支付。因此，在“健”字后又加了一个“保”字。

6. 优秀学生学费计划。1989 年公积金局把公积金的用途扩大到教育方面，对成绩优秀而财力不足的学生，允许使用家庭公积金支付上重点学校的学费。在新加坡，重点学校确实很拔尖，容量有限、学费昂贵，过去平民子弟中出了高材生也难以付得起学费。这个计划仍是家庭范围内的自存自用性质，但允许提前使用。

随着日益增加的会员数量和增强各项利益措施，公积金局从 1962 年起便开始启动全面电脑化，以便为广大会员提供更快捷的有效服务。另一项向来为公积金局强调和重视的服务，便是教育和鼓励会员在生前立定存款受益人。在会员不幸身亡时，公积金局能根据指示，将存款交付给各有关受益亲属。

历经几十年的公积金制度的资料显示，几乎所有雇主都为会员缴付公积金。而中央公积金局也在累积了多年的经验后，发展出了一个有效的执法系统，能够有效地追查迟缴的公积金款项和处理调查委员会的投诉；对于少缴和逃缴公积金的雇主，也有办法调查和对付。从 1985 年初起，中央公积金局每当发现雇主未缴公积金，便会通知有关会员。雇主若迟缴公积金，必须另付迟缴的利息罚款。这笔罚款除了用来负担执法的手续费用之外，也将存入会员的公积金账户，以偿还会员因雇主迟缴公积金损失的利息。

所有的公积金存款都受到各方面的保障。会员的每一分钱都有政府拥有的实际资产作为储备的保证。公积金存款用来投资政府债券和股票，是非常稳定的投资；政府在这方面也提供了足够的储备金，为会员提供存款的利息。在任何时候，有资格的会员都可以连本带利地领回他们的全部存款。

公积金储蓄占了新加坡国民储蓄的大部分。这些储蓄可用作建设国家用途，如兴建工厂、为新厂房装置机器和其他设备；也可用来建设社会的基本设施，如道路、码头、电信系统和兴建房屋等。多年来，公积金制度促进了新加坡经济的稳步发展与政府的稳定，吸引了不少外国厂商前来新加坡投资，又创造了新的经济活动和更多的就业机会。

三、新加坡公积金制度的最新演进

近年来，为了应对严峻的人口老龄化趋势，新加坡公积金制度又陆续推出了一些新的改革措施：

1. 提高最低存款金额，限制提款规模。2003 年中央公积金计划要求参与人退休时，账户中最低存款金额不得低于 8 万新元。经过逐年提升，2012 年已提高至 13.9 万新元，增幅超 5 成；至 2020 年 1 月，最低存款金额已经高达 18.1 万新元。同时，对那些公积金账户余额低于最低存款标准的会员，逐步调整 55 岁前的提款规模：2003 年规定只能提取公积金账户存款总额的 50%，从 2008 年开始降为 40%，以后提款比例逐年递减 10%，直至 2012 年。到 2013 年，公积金存款总额低于最低存款标准的会员均不允许提款。

2. 推出公积金终生年金计划（CPF Life）充实公积金余额。中央公积金局在 2009 年推出了公积金终生年金计划，且对 1958 年后出生的新加坡人和永久居民来说该系统是强制的。作为中央公积金计划的附加项目，终生年金计划是新加坡政府为加强养老收入保障，确保国民直至去世时仍继续保有基本养老收入而推出的用会员退休账户存款购买的延期年金计划（年金金额根据性别和年龄而不同）。会员可以在限定的年龄区间内（65 ~ 70 岁）选择任意时候开始领取每月年金，在达到可提取最低存款的年龄或年满 80 岁或 90 岁时可提取。因此，它可被视作原有公积金计划的延续，在小幅影响每月年金的情况下，让参与人享有一辈子的养老收入。该计划建立之时提供四项计划：增值计划、平衡计划、基本计划、纯年金计划。2013 年 1 月，中央公积金管理局对公积金终生年金计划进行调整，将原来的四项计划合并为两项，将增值计划和平衡计划合并为“标准计划”，取消了纯年金计划但保留原有“基本计划”。调整后的“标准计划”与“基本计划”的根本区别在于会员去世后留给受益人的遗赠额有所不同。“标准计划”下会员每月领到的年金会比较多，留给家人的“遗产”较少，而“基本计划”则相反。没有加入公积金终生年金计划的会员，将继续在公积金最低存款计划下获取退休年金，但只允许会员领取 20 年的年金。需要指出的是，公积金终生年金计划并不会改变会员从账户中提取存款，也不改变其他公积金账户存款的用途，只是让政府更好地控制公积金会员账户储蓄，为会员提供了更持续的养老收入保障。

3. 增加补充养老金制度（SRS）。2001 年 4 月，新加坡增加了补充养老金制度以弥补中央公积金筹资渠道单支柱风险。这是一种自愿性个人养老储蓄计划，起初只针对属于新加坡公民和永久居民的领薪雇员及自雇劳动者。从 2009 年 9 月开始，雇主及未参加中央公积金的外国外派雇员也可自愿加入。补充养老金制度享受税收优惠但仅部分免税，养老储蓄利息收入的 50% 部分仍须缴纳个人所得税。补充养老储蓄额对不同社会群体有所不同，对于新加坡公民和永久居民身份的领薪雇员，补充养老金储蓄额不超过其月薪的 15%，且年储蓄总额不超过 12 750 新元；外派雇员储蓄限额为不超过其月薪的 35%，且年储蓄额不超过 29 750 新元。如果在规定取款年龄（65 岁）前提取养老储蓄须补缴个人所得税，并缴纳 5% 的税务罚金。

4. 针对低薪劳动者制定就业年金补助计划（WIS）。针对低收入人群在年满法定退休年龄 55 岁时，可能因工作期间工资收入过低而导致特殊账户与普通账户存款不足的问题，2007 年将原来的工作福利奖金计划（WBS）调整为就业年金补助计划，通过补贴低收入人群收入的方式来协助其增加公积金储蓄，以使这些人群的公积金收入能够覆盖其基本养老需求。

5. 向雇主提供特别就业补贴（SEC），促进低收入老年人就业。为鼓励企业在雇用年长雇员和提升低薪劳动者收入方面扮演更积极的角色，政府除了从 2001 年开始对雇用 50 岁以上雇员的雇主降低本该由雇主承担的部分公积金缴费比例的优惠政策外，在 2011 年还推出了特别就业补贴计划，以鼓励企业雇用低龄老年人继续工作。

经过半个多世纪的发展，新加坡公积金制度目前已拥有 400 万会员，资产规模超过 3 000 亿新元，覆盖所有新加坡公民和永久居民的养老金。新加坡男性劳动力的养老金替代率达 70%，女性劳动力的替代率为 64%。值得一提的是，新加坡的公积金资产管理高度市场化，并取得了良好的效益，从缴费积累、利息收入、提前支取比例、余额转化为退休收入流等多个因素评估，其财务可持续性都比较好。

附录四

哈萨克斯坦养老金体系改革及最新变化

一、1998 年哈萨克斯坦养老金改革情况[①]

1. 改革背景

在苏联解体后相当长的一段时间里，作为独联体国家中人口和国土规模仅次于俄罗斯的国家，哈萨克斯坦在社会保障方面继承了现收现付制养老金体系。这种代际合约实际上是用当前的税收为上一代人的养老支出付费，其基本特点是以在职职工的部分工资缴费（由企业统一缴纳工资的 25%）作为退休职工的养老金，缴费和支出之间没有特别的财务关系。在中央集中管理的计划经济体制下，现收现付制养老金完全依赖国家进行统一管理，以应付低水平的社会养老需求。

但是，在哈萨克斯坦国家独立和向市场经济体制转轨的情况下，旧的养老金体系再也无法正常运转。经济转轨导致大量工人选择退休或提前退休，劳动力大规模从国有部门向非国有部门转移，形成了缴费和养老金领取之间巨大的不平衡。1996 年哈萨克斯坦

---

* 本文为博鳌亚洲论坛研究院、中国金融学会、重庆金融学会和《比较》编辑室“养老金改革：国际经验与中国方案”联合课题组的研究成果，执笔人为吴素萍。

① 此部分内容摘编自《比较》编辑室的《哈萨克斯坦的改革之路——养老金改革的成功例子》一文，见《比较》第 3 辑，北京：中信出版社，2002 年。

养老金支取的不平衡已严重影响了政府财政体系的正常运转。到1996年底，哈萨克斯坦拖欠职工的债务已达400亿坚戈（按现行汇率，1坚戈约合0.024元人民币），国家养老基金拖欠养老金支付达190亿坚戈，其中仅政府对退休人员的负债就已经达到当年GDP的2%。而短短3个月后，国家养老基金拖欠额陡升为300亿坚戈。哈萨克斯坦养老金隐性债务已经累积到GDP的88%，过去的养老金支付体制濒临破产，各地因拖欠养老金爆发多起大规模群众集体示威事件。在此背景下，哈萨克斯坦政府决定迅速进行彻底的养老金制度改革，并力图将建立新的个人积累制养老金体系与旧体制的养老金欠账问题一起解决。哈萨克斯坦以不同寻常的快节奏完成了从提出养老金制度改革建议到通过相关法律并使之生效的一系列步骤，用短短14个月的时间走完了通常需要几年才能走完的立法之路（见表1）。

表1　哈萨克斯坦养老金制度改革时间表

时间	养老金改革步骤
1996年11月	提出养老金制度改革建议
1997年2—5月	养老金制度改革草案第一稿出台并提交公众讨论
1997年5月	养老金改革修改稿提交议会表决
1997年6月	议会以微弱多数一次性通过一系列相关养老金制度改革的法案
1998年1月1日	新养老金制度正式生效实施

2. 制度设计

1998年1月1日生效的哈萨克斯坦新的养老金制度引入了拉美模式的三支柱养老金体系。改革的目标是逐步取消现收现付制单一养老金体系，代之以由国家担保的基本养老金、强制性个人缴费确定型养老金和自愿性个人缴费养老金三大支柱构成的积累性养老金制度。简单地说，第一支柱基本养老金仍然是现收现付制，由企业缴纳15%的法定税收构成。国家基本养老金支柱保障了最低的养老金需求，覆盖哈萨克斯坦的所有老龄人口。第二支柱由职工缴纳在职月工资的10%构成，这一强制性缴费形成个人账户。第三支柱由职工自愿缴费构成。为了鼓励在职职工积极主动缴费，三支柱养老金体系还根据不同的养老金组成部分实施不同的税收优惠。第二支柱的个人缴费可以享受延期付税的优惠，第三支柱的个人自愿缴费，部分享受免税待遇。

新的养老金制度要求所有在职职工必须参加，并按就业和退休年龄实行区别对待：1998 年 1 月 1 日以前退休的职工（即老人），仍由第一支柱国家基本养老金覆盖；1998 年 1 月 1 日以前参加工作并在新养老金制度实施后继续工作的职工（即中人），退休后其1998 年 1 月 1 日以前的工作年限按国家基本养老金享受待遇，1998 年 1 月 1 日以后的工作年限按个人账户积累享受待遇；1998 年 1 月 1 日以后参加工作的职工（即新人），完全按照新制度享受待遇。

哈萨克斯坦养老金改革的重点在于个人账户的设置。哈萨克斯坦个人养老金账户与旧有养老金体制相比有许多优点。第一，新制度明确规定个人账户资金完全归个人所有。明确的所有权加上诸多税收优惠，激励在职职工积极参与养老金制度和缴费，不会产生现收现付制下吃“大锅饭”的依赖心理和“搭便车”行为。第二，无论账户持有人将个人账户资金用于何途，都不会出现“他款我用”的现象。因此人们对养老金个人账户的使用会根据个人效用最大化的原则，从而避免道德风险，提高了养老金的使用效率。第三，因为个人账户的设立分割了养老金的统筹部分与个人支取部分，所以账户持有人仅有权使用本人账户积累的资金，不会产生现收现付制下存在的因下一代缴费不足而引发整个养老金体系入不敷出的问题，从而在养老金体系内部设置了一道防火墙。第四，哈萨克斯坦个人养老金账户内积累的资金不受人口频繁流动的影响，具有较强的流动性。无论账户持有人将来在不同企业、不同行业或不同地区之间如何流动，都可以使用同一个养老金账户，这为市场经济中最重要的资源——人力资源的优化配置创造了条件。第五，个人养老金账户的建立还为扩大新养老金制度的覆盖面奠定了基础。改革之初，哈萨克斯坦新养老金体系的覆盖面并不足，仍有一部分企业职工和城市居民尚未纳入新养老金体系，而广大农村地区人口也急需通过新养老金制度获得保障。个人养老金账户的建立为后续改革的推进提供了可能。

3. 运营设计

哈萨克斯坦新养老金制度运营体系可以用 16 个字简单概括：集中监管、分散经营、专业管理、市场运作。

哈萨克斯坦共成立了 15 家积累制养老基金（Accumulation Pension Fund，APF）和 7 家养老基金资产管理公司（Asset Management Companies，AMC），统一由中央集中监管。养老金监管一般采取中央集中监管与地方分散监管两种方法。哈萨克斯坦吸取了原有现收现付制运转中的经验教训，采取了中央集中监管的方式。经过一段时间的运转，中央集中监管的好处开始逐渐显现：一是能够增强养老金制度改革之初人们对新养老金制度的信任。二是可以避免分散监管中因为地区利益或部门利益产生的对新养老金制度的隐性蚕食，规避防范制度外风险。三是可以实现持续一贯的专业监管，一方面有利于消除分散监管导致的地区间不平衡，另一方面还能打破分散监管形成的地方保护，各养老基金按照统一监管标准运营可以确保公平竞争，维护养老金体系整体的安全性。四是发挥规模经济效应，降低监管成本和交易成本，从而提高养老金体系的整体收益。

15 家养老基金负责管理参与人的个人账户，7 家资产管理公司则负责把积累的基金投资于各种证券，实现养老基金的保值增值。在 15 家养老基金中，有一家为国有养老基金（State Accumulation Pension Fund，SAPF），其余 14 家为私人养老基金（Private Accumalation Pension Fund，PAPF）。职工可以在 15 家养老基金中任意选择一家加入，如果职工未决定加入哪一家养老基金，则被自动划入国有养老基金。国有养老基金由哈萨克斯坦中央银行直接托管、直接投资，不需要经过资产管理公司投资运营。设计国有养老基金的初衷是，当职工在养老金改革初期不信任私人养老基金或一时还没有决定加入哪家私人养老基金时提供一个备选的基金。职工在加入任何一家养老基金后，还可以在国有养老基金与私人养老基金之间，或者在 14 家私人养老基金之间自由转换。

对新成立的养老基金、资产管理公司和托管行，在改革初期，哈萨克斯坦没有像多数养老金改革国家那样设置单一的监管机构，而是针对不同的监管对象分别予以监督管理。其中主要的监管机构有三家，分别是：哈萨克斯坦国家银行（The National Bank of Kazakhstan，NBK，即哈萨克斯坦中央银行），负责管理托管行和资产管理公司的运营；劳动保障部下设的国家养老金局（NPA），负责规范监管养老基金的运营；哈萨克斯坦证监会（NSC），负责为资产管理公司发放经营执照，规范监督资产管理公司的运营。三大监管机构运作的具体信息参见表 2。此外，还有国家养老金支付中心（State Center for Pension Payments，SCPP）负责从职工工资中扣缴缴费。

表 2　哈萨克斯坦养老金体系运营监管机构一览表

监管机构	监管对象	机构地位	领导任命	资金来源
NBK	11 家托管行	向总统负责	由总统任命	自筹资金
NSC	7 家养老金资产管理公司	向总统负责	由总统任命	央行和政府预算
NPA	15 家养老基金	隶属劳动保障部	由劳动保障部部长任命	国家预算

为了确保新养老金制度运行的安全性，并提高新养老基金运行的效率，哈萨克斯坦监管机构制定了许多具体的措施，实施了切实有效的监管。

建立严格分离的资产托管监控制度。养老基金内积累的资产由托管行托管，各养老基金不能直接处置资产。资产管理公司根据相关法规运营管理养老金资产，并有义务每天向证监会（2001 年后为央行相关部门）汇报资产运营状况。托管行一旦发现资产管理公司的投资决策违背相关法律规定，可以冻结资产管理公司的投资决策。这一相互独立、相互监督的资产运营、托管制度的建立，能有效保证养老金运转的安全性，最大限度地保护养老金参与人的合法利益。

建立结构性的资产投向限制。由于当时哈萨克斯坦金融改革才初见成效，资本市场发展仍处于起步阶段，尚缺乏成熟的多层次投资工具，而养老金的审慎投资不仅维系着养老金体系的安全，对于保持金融体系的整体安全也至关重要。所以，为了保证新养老金制度在运营之初的绝对安全以及整个金融体系的平稳运行，哈萨克斯坦监管机构对资产管理公司的投资作出了一些投向结构的专门限制，并根据国内金融部门的发展、资本市场的成熟和创新金融工具的丰富度适时对投向结构作出调整。最初证监会的法规要求资产管理公司运营的养老基金投资于政府债券的比重不少于50%，投资于银行存款、国际机构证券和公司证券的比例相应为40%、10%和30%。但是，随着养老金和国内资本市场的发展，新规则已经考虑到投资的多元化。鉴于多元化投资可以减少风险头寸，增加投资组合的安全性，资产管理公司后来更多地投资于国内股票市场和固定利率工具，包括住房抵押贷款债券等新兴金融工具。但总体而言，法规仍然倾向于市场风险较小的证券。哈萨克斯坦监管机构对国有养老基金和私人养老基金制定了不同投资指引（见表3）。

表3　养老金投资结构限制

投资工具	对PAPF的限制	对SAPF的限制
政府债券（包括欧洲债券）	不低于40%	不低于50%
市政债券	不高于5%	不高于5%
国际金融机构证券	不高于10%	不高于10%
银行存款	不高于10%	不高于20%
外国非政府证券（评级高于AA/Aa）	不高于10%	不允许
国内公司证券	不高于40%	不允许

4. 养老金制度改革转制成本的处理

个人养老金账户建立之后，一个现实的问题是，对在现收现付制下无个人账户积累的退休人员和其他积累不足的贫困人员，如何安排养老保障？由于在新养老金制度下，覆盖此类人员的第一支柱养老金的缴费额远远小于旧体制下的缴费额，更何况旧体制已经是一个严重收支不平衡的体制，因此在用第一支柱的缴费和财政综合预算维持转制期间养老金体系运转的同时，必须开辟新途径以解决庞大的转制成本问题。哈萨克斯坦主要通过三种方法解决转制成本问题：

第一是节流，提高职工退休年龄和降低从第一支柱领取的养老金数额。哈萨克斯坦沿用了苏联的退休制度，职工的退休年龄几乎从不做调整，但人口预期寿命却不断提高。从动态福利角度看，适当提高退休年龄，职工的福利水平不会受到影响。因此，1998 年，哈萨克斯坦把退休年龄统一提高到女性 58 周岁、男性 63 周岁。适当减少退休职工从第一支柱领取的养老金数额虽然会影响特殊人群的福利待遇，但会刺激更广泛的职工参加第二支柱和第三支柱的养老保障，所以在维持第一支柱有效运行的同时还能产生积极的外部效应。不过，提高职工的退休年龄和降低从第一支柱领取的养老金数额都有一定限度。

第二是开源，以某些资产的运营收入来补充庞大的转制成本缺口。哈萨克斯坦不断开发石油等自然资源，通过变卖自然资源实现的收益来补贴转制成本。除此之外，政府通过转让国有企业股权的方式筹集到了相当的资金投入新的养老金体系。这部分资金覆盖的人群就是在现收现付制下没有获得充足养老保障的职工。因为在养老金改革以前一直沿用低工资制度，当时职工的付出并没有得到完全的回报，而是以各种形式滚存于现有的国有资产和社会财富中，所以这些职工完全有权利重新获取这些资产出让所得的回报。

第三是跨期调整，哈萨克斯坦为新养老金体系的运行发行了一定数量的政府债券。发行政府债券，对政府来说能在短期内解决转制成本问题，对参加新养老金体系的职工来说获得了可靠的退休保障，对在新制度下运行的养老基金来说增加了可供选择的较为安全的投资工具，从而提高了养老基金的收益水平。

5. 哈萨克斯坦养老金制度改革的配套措施

为了保证养老金改革能顺利实施，实现新体系的设计目标，哈萨克斯坦在设计养老金制度改革方案时就通盘考虑，所以与新养老金制度同期出台的还有许多配套措施。

（1）为了在新养老金制度引入后，有与新养老金规模发展相适应的金融工具，哈萨克斯坦不仅通过私有化改革鼓励企业在资本市场以股票、债券等多种类证券融资，还通过银行开发的各种新业务实现金融工具的创新。其中住宅抵押贷款的资产证券化是较为典型的例子。

（2）2000 年 6 月《保险法》提交议会审议，相关部门积极推进由保险公司参与管理和发放养老金。

（3）提高养老金运行的科技水平，以降低运行成本和规避内部风险。哈萨克斯坦为此引入了一套集中的养老金信息系统，建立了统一的数据库；改善了银行服务体系和养老金支付体系，即通过电子形式向中央数据库传输每个账户持有人包括缴费在内的相关信息，然后再把此类信息向国家养老金支付中心传送。而对养老基金和个人账户持有人都不收取汇兑费用。

（4）加强公共宣传教育。哈萨克斯坦在新养老金体制实施前花费上百万美元，进行了声势浩大的公共宣传，向公众传递强烈的信息——旧体制难以维系，新制度优点颇多——以增强公众对改革的认同感和对新体制的信心。

（5）对所有公民都采用个人社会账号（Social Individual Codes），保证新养老金体系的覆盖面，保证账户信息的连贯真实，避免养老金缴费领取存在欺诈行为。而且当职工调动工作、变更居住地时简便了相关手续，促进便利的可携带性。

这些事先设计的配套措施及时化解了许多阻碍新制度实行的矛

盾，使得新养老金制度的运转较为顺利。

二、近期的改革

面对人口、宏观经济等外部环境的变化，以及制度运营本身面临的挑战，哈萨克斯坦政府肯定了个人账户养老金体系在应对人口老龄化方面的重要作用。同时，陆续推出了一些新的改革措施，试图在不改变制度运行基本原则的情况下，确保养老金储蓄的安全，保护国民的利益。主要改革方向为合并养老基金，降低管理成本；提高退休年龄，减轻支出负担；强制雇主为个人账户缴费；在基本养老金缴费上引入激励机制以及推动发展第三支柱商业养老保险；等等。

1. 成立统一养老基金（Unified Accumulative Pension Fund，UAPF）。如前所述，新制度成立之初，哈萨克斯坦共有 1 家国有养老基金、14 家私人养老基金和 7 家养老金资产管理公司，到 2013 年 7 月 31 日统一养老基金成立时，共有 10 家私人养老基金和 8 家养老金资产管理公司。统一养老基金成立后，开始合并所有的养老基金和养老金资产管理公司，到 2014 年 3 月完成合并，属于哈萨克斯坦央行的国家养老基金股权转至哈萨克斯坦财政部国家财产和私有化委员会，原来的国有养老基金也归入统一养老基金。统一养老基金是一家营利的股份公司，唯一的股东是哈萨克斯坦政府，由它单独负责强制养老金缴费和自愿养老金缴费的归集、个人养老金账户的记账、养老金待遇的发放；养老金资产的投资管理交由哈萨克斯坦央行负责，统一养老基金负责资产投资组合的核算和报告。自统一养老基金成立以来，行政管理费用持续下降，由新制度成立之初占资产的 5% 到 2019 年的约 1%[①]，下降幅度较为明显，近年

---

① Grigori Marchenko，“Pension System of the Republic of Kazakhstan”，提交给 2019 年 12 月 3 日博鳌亚洲论坛研究院、中国金融学会、重庆金融学会和《比较》编辑室“养老金改革：国际经验与中国方案”联合课题组召开的国际研讨会。

来，略低于智利、阿根廷、墨西哥、匈牙利、波兰、玻利维亚等国家。为了提高养老金储蓄的投资收益率，哈萨克斯坦央行也在积极谋求海外投资，包括投资于新兴市场主权债务，并在 2018 年 7 月向全球招聘海外投资经理。①

2. 2014 年为从事危险工作的雇员成立强制职业养老金，由雇主缴纳员工工资的 5%。此后政府将定期审核并确定将哪些行业、就业岗位和工会工人纳入职业养老金。

3. 2016 年，国防和安全部门的公务员退出完全积累制养老金，改由国家预算承担，并实现此类公务员的全覆盖。

4. 2018 年 1 月 1 日开始在未来 10 年逐步提高女性退休年龄至 63 岁，这可以延长女性的缴费年限，增加养老金储蓄，从而增加积累制养老金的规模。用 10 年的时间延长退休年龄，是基于以下考虑：一是让民众更容易接受；二是可以让民众做好心理准备，并适应新的工作年限；三是便于采取各种政策措施为女性创造更多的就业机会。

5. 2018 年 7 月 1 日起，按缴费年限领取基本养老金，缴费 10 年以内的，按最低生活工资（COLA）的 54% 支付；缴费 10 年以上的，每增加一年，递增 2%；缴费 33 年以上的，可获得的基本养老金为最低生活工资的 100%。对现收现付制部分的养老金发放，新规定要求，1998 年 1 月 1 日前退休的人员，必须有 6 个月的缴费记录，方可获得现收现付养老金，要获得全部养老金待遇需要缴费 20～25 年；全部养老金待遇相当于自 1995 年 1 月 1 日起连续三年的平均月收入的 60%。计算现收现付制收入的上限是 46MCI（Monthly Calculation Indicator）。

6. 自 2023 年开始，为个人账户引入强制性雇主缴费，费率为 5%。

---

① 参见 https：//nationalbank. kz/？docid＝3424&switch＝english。

总之，如哈萨克斯坦新养老金体系的主要推动者、央行前行长马尔琴科所说，世界上没有完美的养老金体制，哈萨克斯坦也不例外。要确保养老体系的可持续，兼顾公平和效率，就必须结合国际经验，根据本国实际国情的变化，不断进行调整和改革。这是一个艰难权衡的过程，因为它涉及众多人的利益，事关全局稳定。

附录五

智利社会保障体系两次改革简介

1924 年，智利建立养老和医疗社会保险体系。按当时体制，不同行业、不同职位，社保待遇不统一。为讨好选民，政府倾向于提高社保给付水平，导致缴费率偏高。在 1975 年，包括医保在内的社保缴费率曾高达 51%~59%。政府对社保体系的资金补贴，加上替政府雇员做的社保缴费，占政府预算总支出的 20.5%，意味着智利社保体系资金来源过度依赖政府财政。

一、1981 年智利社保改革

在 20 世纪 70 年代皮诺切克政府时期，智利开始计划筹备社保体系改革，并在 1981 年实施改革，总体思路是将 DB 型现收现付制转变为 DC 型完全积累制。其核心内容有三点：一是采用强制性储蓄的个人账户制度；二是成立多家养老基金管理公司；三是结合指数化年金，把强制性储蓄积累转换为退休者的收入流。

1. 采用个人账户制度，避免政府过度提高社保福利标准

出于政治需要，政府可能会用较高的社保福利取悦选民。由于

* 编者主要根据 2008 年 11 月周小川（时任中国人民银行行长）访问智利时，智利养老金监管局所作介绍整理而成。

社保体系具有强烈的代际收入再分配效应，政府对老年人的慷慨举措，实际上是通过再分配鼓励人们提前消费、不做养老储蓄，最终，会降低总储蓄水平和全社会的资本积累。搞个人账户体制，社保体系不再有收入再分配效应，能避免政府打赤字来增加福利水准。

2. 成立多个养老基金管理公司相互竞争，管理养老保险基金并提高投资收益

智利社保体系改革后，建立了若干个养老基金管理公司（AFP），运营和投资个人在职期间的强制性储蓄（个人账户），将之转换为退休后的收入流。社保体系每一位在职参保者，都必须把月收入的10%放入某一AFP的个人积累账户。AFP也可遵照政府设立的规则提供伤残保险，参保者需在强制性10%养老储蓄之外，向AFP缴纳伤残保险费用。

AFP必须经过政府批准，并受高度管制。每个AFP只管理一只退休基金，并将基金投资回报全部分配到个人账户中。AFP管理费率高低，取决于AFP之间的竞争，政府不直接干预。参保人可自由选取任何一家AFP并可中途转换到另一家AFP。

3. 个人账户养老金领取机制

在强制性储蓄体制中，达到退休年龄的人可一次性提取个人账户中积累的全部资金，但退休者可能由于缺乏预测寿命的能力而倾向于较早地花光这笔钱，特别是在政府提供最低退休金情况下，人们有动机把自己的钱先提出花掉并尽早享受最低退休金待遇。为防范道德风险，智利设置了积累账户提取率上限（用于购买指数化年金的提取除外），该上限随年龄和当前基金的利息获取而变化。

当人们成为养老金的合格受益人时，可分阶段提取个人账户中积累的资金，或选择领取年金。由于年金需向保险公司投保购买，如果选了年金，就意味着个人养老资金管理从AFP转换到另一金融中介机构。在选择将个人账户积累资金转为年金领取情形下，由于智利长期以来习惯运用债务指数化，因此，也就较容易限定，个人账户资金积累转为年金，必须选择指数化年金。

4. 智利 1981 年社保改革的经验教训

智利社保改革，阻断了政治风险和政府债务风险，有助于资本市场的发展。其经验有三点：

一是社保体制必须精心设计。一个设计不良的体系常常是不可持续的，也往往不能给社会经济的健康发展提供正确的激励。防范政府债务风险、发展资本市场等改革红利，不会自动实现。一个国家如果想要效仿智利的经验，要在财力调配和政治约束上做艰苦的工作。

二是筹措转轨成本。在改革过渡期间，强制性储蓄流入了个人账户体系，而不像以往的现收现付社保体制那样直接用于支付退休金，这就给政府预算留下了一个较大的财政代价。为避免因社保改革增加赤字，智利的做法是：一方面，在积累了相当规模财政结余储备的情况下，启动 1981 年社保改革。改革前，智利政府累计财政盈余已占 GDP 的 5.5%，绝大部分旧体制应付养老金的过渡期赤字是靠财政结余来解决的。另一方面，财政新发行少量“认账债券”，发给转入新社保体系的已参保人员，折合为他们过去为个人账户所做的缴费。“认账债券”不必当期支付改革成本，而是未来兑现的政府债务，这种财务手段意味着增加当期财政性储蓄，相当于 20 世纪 80 年代每年赤字率少增加 3.5 ~4 个百分点，当时预计 90 年代财政性储蓄水平与“认账债券”相当，随后“认账债券”会逐步递减。与此同时，提高退休年龄标准的政策显著地减少了政府的隐含性负债。

三是对资本市场进行精心调控。这是社保职能私人化的重要组成部分，又是私人化成功后的一项显著收获。AFP 利用资本市场从事投资活动并获取回报，有助于智利资本市场的发育。

智利社保改革的教训是，私营AFP投资运营强制性储蓄（个人账户），包括伤残保险、人寿保险及年金保险，管理成本比较高。根据相关学者（Valdes－Prieto）的测算，智利社保体系中每个在职参与者的平均管理费用为89.10美元/年（1991年），占平均应税收入的2.94%，接近于10%强制性储蓄（个人账户）的30%。①

二、2008年智利社保改革

随着时间的推移，智利社保体系一些问题开始逐渐暴露，如覆盖面偏小、替代率（退休金/在职人员工资水平）太低等。为此，2006年，新当选的智利总统巴切莱特（Michelle Bachelet）任命了一个由15名养老金专家组成的咨询委员会，研究养老金制度缺陷并提出改革建议，准备再次改革养老金制度。2008年，智利国会通过20255号法案，在扩大覆盖面、提高贫困人口保障水平、提升AFP运行效率等方面作针对性调整，取得了一定成效。此次法案被视为智利养老金制度自1981年以来最重要的一次调整，也被称为智利养老金制度的“二次改革”。

1. 改革方案主要内容

（1）建立团结养老金。团结养老金包含了非缴费型基本团结养老金（PBS）和补充团结养老金（APS），资金均由政府财政提供。基本团结养老金为年满65岁、在智利至少居住20年且没有任何缴费记录的贫困者提供养老金补助。补充团结养老金为有缴费记录但养老金累计未达到最低标准的人提供养老金。

（2）自雇者强制性加入。针对智利劳动者市场中自雇者比例逐渐增大的情况，2008年改革将原本可自愿选择是否参加强制性储蓄（个人账户）的自雇者及非正规部门的就业者纳入强制征收范

① 引自Peter Diamond的论文《社会保障功能的私人化：智利的经验教训》（1993）。

围，同时为其提供了家庭津贴、工伤保险、职业保险等福利作为补偿。

（3）鼓励发展自愿性养老计划。一是对于雇员缴纳和领取自愿性养老金给予税收减免，鼓励雇员加入；二是新建一个类似美国401(k)计划的自愿养老金计划（APVC），雇主可与AFP、银行、基金公司、保险公司等提供个人自愿型养老计划的机构订立合约，以雇主名义为雇员缴费，当雇员达到一定工作时间后，上述缴费计入雇员账户。为鼓励雇主建立此计划，政府给予一定的税收优惠。

（4）提高女性参保者待遇。从2009年7月1日开始，为女性参保者提供生育补助。女性每养育一个子女，将获得18个月最低工资总额×10%的补助，从孩子出生时就计入母亲的养老金个人账户，并按照AFP年均投资收益率计息，至65岁后可领取。

（5）提升AFP运营效率。一是引入竞标机制，倒逼AFP降低管理费。运营成本最低的AFP，可以获取将未来12个月内新进入者纳入会员的权利，这些会员在18个月后才可将个人账户转移到别的AFP。二是放宽海外投资的限制，投资渠道更加多样。三是简化部分投资限制的规章制度，促进AFP运行更加灵活。四是组建由独立专家组成的投资技术委员会，为投资政策和养老金规范制定提供决策建议。

2. 当前制度架构

目前智利养老金制度是一个较为独特的三支柱模式：第一支柱是非缴费型公共制度（团结养老金），第二支柱是储蓄型强制性养老保险制度，第三支柱是参保者可选择自愿性养老计划的补充制度。其中，AFP负责收缴和管理养老金，受养老金管理公司监管局（SAFP）监管。养老金管理公司监管局是劳动和社会保障部所属的专门技术机构，同时负责解释法律和发布补充法规。

表1 智利三支柱养老金模式

三支柱	养老金计划名称	资金来源	运作模式
第一支柱	基本团结养老金	政府财政	个人不缴费
	补充团结养老金	政府财政+雇员缴费	个人不缴费
第二支柱	强制性储蓄制度	个人强制缴费	完全积累制（DC型）
第三支柱	自愿性养老计划	个人自愿缴费	完全积累制（DC型）

资料来源：根据FIAP网站内容整理，https：//www. fiapinternacional. org/en/estadisticas/。

在参保方面，2008年改革前的规定是，1983年1月1日以后首次进入劳动力市场的独立工作者都必须登记；2012年1月至2018年1月，所有个体工商户都必须纳入社保体系。从2018年起，缴费是强制性的，并规定在2019年所得税申报过程中实现。参加现收现付制的工人可选择转入新的制度。自2009年起，新成员必须加入某个通过竞标程序之后获得许可的AFP，一旦加入，须至少停留24个月，然后就可自由转换到其他AFP。

在养老金缴费方面，个人缴费为收入的一定比例，上限为78.3 UF①（2018年12月为3 103美元）。2018年12月的缴费率为12.59%，其中10%划入个人基金账户，另外的2.59%用于支付AFP的管理费和参保人残疾和生存保险费。2018年AFP收取的管理费，在参保人缴费收入的0.77%至1.45%之间，平均值为1.26%。

在养老金领取方面，有四种方式可供选择：一是“计划领取”，参保人员退休时可将个人账户储存额继续存放在AFP，并由该公司为其制订一个养老金领取计划，按月领取养老金。二是终生年金，由养老金管理公司负责将账户储存额转入一家人寿保险公司，保险公司为参保人员提供终生年金，按月支付养老金，一直到退休者去世。三是“临时收入与递延年金”相结合，参保人员和保险公司签订合同，由

① UF是智利的一种指数化货币单位，即每日通过消费物价指数（CPI）调节的真实货币价值指数。它只是一种商品或交易合同的货币计量单位，并没有具体的实物形态，UF与智利比索（包括美元）的比价随通货膨胀指数变化进行调整。

保险公司在其未来退休后的某个时点开始为其提供一笔固定收入的年金，从退休到开始领取年金的这段时间内，参保人员要将一部分个人账户存款仍然留在 AFP 管理的基金中，从而每月获取 1 份相应份额的退休金。四是“终生年金与按计划领取”相结合，在个人账户储蓄余额可以满足的年金给付额大于或等于当前社会最低养老金的情况下，参保人员可以同时选择领取年金与按计划支取两种养老金给付方式。参保人可自由选择以上四种，但终生年金必须等于或大于基本团结养老金；递延寿险年金不得少于第一笔临时收入的 50% 或 100%；自由支配的盈余超过了为养老金提供资金所需的余额时，即可以在不同的养老金模式下提取。

3. 成效及存在问题

2008 年改革成效明显，普遍受到民众好评。与 1980 年改革相比，2008 年改革还包括：将自雇者纳入参保范围，鼓励雇员加入自愿性养老金计划，提高覆盖面；设立团结养老金，象征着政府职能的回归，体现对低收入人群的重点关注；对女性参保群体采取有针对性的保障措施，一定程度上体现了公平；适度放宽对养老基金管理公司的监管和投资限制，经营策略更灵活。但是，2008 年改革未能解决替代率太低的问题，新设的团结养老金、母亲特殊津贴增加了财政支出压力。

附录六

终生财务安全展望：全球养老金改革刻不容缓

G30 报告从需求端与供给端对终生财务安全（LFS）系统及其缺口进行了刻画，并测算了基础情境下，即维持现有及未来政策变化的情况下，终生财务安全系统可能产生的缺口。

终生财务安全的需求

从终生财务安全系统的需求层面看，这包含退休替代收入需求、额外卫生保健开支需求、人口转型与人口老龄化等。

退休收入替代率是指劳动者退休后的收入水平与退休前工资水平之比。根据 OECD 的研究，退休后平均的收入替代率为 70%，如果退休人员需要保持与周围人同样的生活水平增长，则需要退休收入的更大增长，这也会增加终生财务安全的需求。

另一个需求因素（可能导致终生财务安全缺口的增大）是医疗和养老事业成本的增加。目前，这部分支出的增长速度已经远超通货膨胀的增长，原因在于医疗技术的进步、寿命的延长和老年人医疗保健支出的增加。随着公共医疗预算捉襟见肘，人们对退休后收入的需求将会增加，以满足这些不断增加的成本。

---

* 本文摘编自“三十人小组”（G30）2019 年 11 月发布的《应对养老金危机：确保终生财务安全》（*Fixing the Pensions Crisis：Ensuring Lifetime Financial Security*）。

最后，在经济学中，终生财务安全的需求取决于退休人口的规模。所以人口结构转变和人口老龄化也会增加终生财务安全需求。

终生财务安全的供给

终生财务安全最大的来源是养老金，包括公共或个人养老金或者企业年金。除此之外，退休人员可以通过分阶段退休或退休后继续工作来增加退休后收入，这样就可以为终生财务安全提供额外的收入来源。当然，如房产等非金融资产的升值也是终生财务安全的来源（见图 1）。

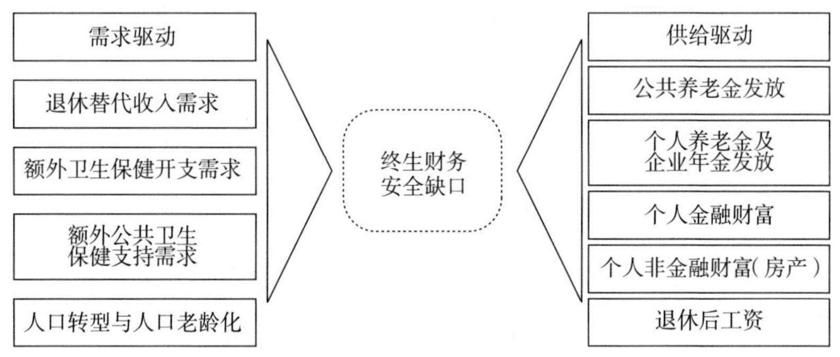

图 1　终生财务安全系统的驱动因素

（资料来源：G30 Pensions）

全景模拟供需缺口

报告使用了 21 个国家的数据用于分析终生财务安全系统在需求与供给之间的缺口。这 21 个国家占到了全球大约 90% 的 GDP 与 60% 的人口，因此可以为终生财务安全与其缺口提供一个全景式的描绘。

报告设立了一个基础场景，将现有以及未来的政策变化与“不再做更多”（doing nothing further）相结合。在基础场景中，报告预测，按 2017 年的价格计算，全球终生财务安全缺口将从 2017 年的

1.1 万亿美元增加到 2050 年的 15.8 万亿美元。根据目前的支出模式、政策设置（包括计划中的变化）和退休后的收入预期，这代表了一个财政缺口，相当于 2050 年 GDP 的 23%。

关于终生财务安全缺口的上升有两个关键的解释。在需求端，尽管政府在对退休年龄进行调整，但不断上升的抚养比和固定的退休收入替代率共同扩大了缺口。事实上，许多国家现有的退休延后计划不会对终生财务安全缺口的缩减有显著影响；在一些国家，政治压力导致了一些特定群体退休年龄的降低。

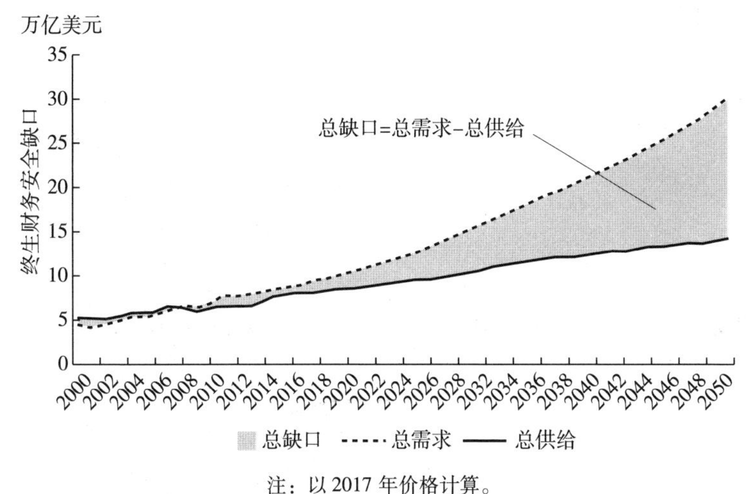

注：以 2017 年价格计算。

图 2　2000—2050 年终生财务安全缺口预测

（资料来源：G30 Pensions）

在供给端，考虑到公共财政压力和对私人储蓄的日益依赖，对金融资产长期低收益的假设限制了可以缩小终生财务安全缺口的财富积累和收入增长。即使如此，表 1 罗列的不同资产类型的假定收益率仍可能过于乐观。事实上，考虑到全球主要经济体都处于宏观低利率的环境中，无风险资产的收益率远低于这些预期回报率，这可能会进一步拉大终生财务安全系统的缺口。

表 1　不同收入群体及资产组合的假设收益率　　单位：%

收入群体	股票	票据和债券	现金和存款	其他
高收入群体	6. 25	3. 00	2. 00	5. 27
中高收入群体	6. 75	3. 50	2. 00	5. 27
中低收入群体	9. 25	3. 50	2. 00	5. 27
低收入群体	9. 25	4. 00	2. 50	5. 27

资料来源：G30 Pensions.

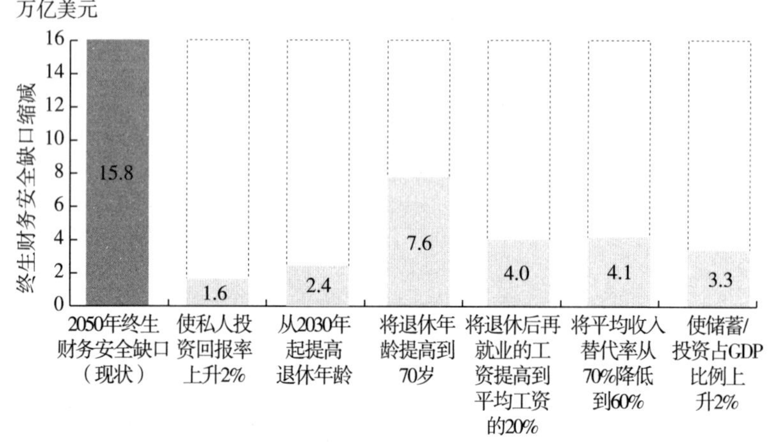

图 3　不同政策手段下 2050 年终生财务安全缺口的缩减测算

（资料来源：G30 Pensions）

报告在基础情景上，测算了一系列政策变化对缺口的影响。这些政策变化包括使私人投资回报率上升 2%；从 2030 年起提高退休年龄；将退休年龄提高至 70 岁；将退休后再就业工资占平均工资的比例由现在的 10% 提升至 20%；将平均收入替代率由 70% 降低至 60%；使储蓄/投资占 GDP 比重上升 2%。尽管这些政策在退休年龄、财政支出等方面都发生了巨大变化，但单独每一项政策对于基础情景下的缺口缩减程度均不到 15. 8 万亿美元的一半。

由此不难看出，由于存在巨大的缺口，全球范围内的养老金改革都刻不容缓。